BASA-ALSA와 함께하는
학습전략 프로그램 워크북

교과 학습전략 기르기

| 김동일 저 |

학지사

2014년 정부(교육부)의 재원으로 한국연구재단의 일반공동연구지원을 받아 수행된 연구임
(NRF - 2014S1A5A2A03064945)

머리말

자기주도 학습자로 성장하기 위하여 학습전략은 초등학교 학생에게 필요한 능력이며, 자신이 스스로 깨우쳐야 할 기술로 여겨져 왔다. 학습전략의 결손으로 학업부적응을 보이는 학생이 증가하면서 이에 대한 교육적 요구가 점차 커지고, 이제는 혼자서 그냥 익혀야 할 기술이 아니라 체계적으로 가르치고 배워야 할 기초학습기능의 중요한 구성요소로서 관심이 높아지고 있다. 특히 학업 곤란도가 높아진 초등학교 3학년 이후 나타나는 학업 문제는 성적이나 평가뿐만 아니라 학생의 전반적인 자아개념, 대인관계, 가족관계, 인지 및 정서 발달 등 광범위한 영역에 영향을 주는 중요한 요인이다.

이 학습전략 프로그램 워크북[동기와 자아효능감, 자원관리전략, 인지전략, 초인지전략, (3학년 수준의) 교과 학습전략]은 아동의 학업 동기를 높이고, 적절한 학습방법 탐색의 기회를 제공함과 동시에 초등학교 교과서를 소재로 하여 학습자 맞춤형 학습전략을 개발하고 활용하도록 하는 데 목적이 있다.

이 워크북은 BASA(Basic Academic Skills Assessment: 기초학습기능 수행평가체제) 읽기, 수학, 쓰기 검사 결과에 따라 추가적인 개입이 필요한 초등학교 3학년 이상의 학습자를 대상으로 기초기능으로서의 학습기술에 초점을 맞추며, 또한 ALSA(Assessment of Learning Strategies for Adolescents: 청소년 학습전략검사)와 연계하여 학습전략을 정교화하고 풍부하게 활용할 수 있도록 구상되었다.

앞으로 교육현장에서 우리 아이들이 유능한 학습자로서 자신에게 적합한 학습방법을 적극적으로 탐색하기를 기대한다.

2015년 9월

SNU SERI

소장 김동일

차 례

BASA-ALSA와 함께하는
학습전략 프로그램 워크북 6

교과 학습전략 기르기

영역 1
읽기

1차시: 번데기와 달팽이

학습목표	▪ 시에 나타난 인물의 감정을 알 수 있다. ▪ 노래를 통해 시를 암송할 수 있다.
내용	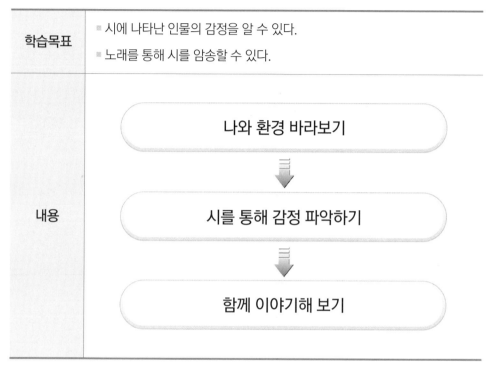

* 관련 단원: 3학년 2학기 읽기 1단원 '마음으로 보아요' / 1차시

1차시:
번데기와 달팽이

나와 환경 바라보기

📋 다음 물음에 답하면서 오늘의 공부를 시작해 봅시다(모든 질문에 답하지 않아도 됩니다. 답하고 싶은 질문을 골라 답해 보세요).

---

1. 오늘 나의 기분은 어떤가요? (   )

   ① 매우 안 좋다.   ② 안 좋다.   ③ 좋다.   ④ 매우 좋다.

2. 나의 기분을 한마디로 표현하면?

   _____

3. 나의 몸 상태는 어떤가요? (   )

   ① 매우 안 좋다.   ② 안 좋다.   ③ 좋다.   ④ 매우 좋다.

4. 지금 공부 분위기는 어떤가요?

   • 조용하다. (   )

   ① 매우 그렇지 않다.   ② 그렇지 않다.   ③ 그렇다.   ④ 매우 그렇다.

   • 조명이 적당하다. (   )

   ① 매우 그렇지 않다.   ② 그렇지 않다.   ③ 그렇다.   ④ 매우 그렇다.

   • 의자와 책상이 편하다. (   )

   ① 매우 그렇지 않다.   ② 그렇지 않다.   ③ 그렇다.   ④ 매우 그렇다.

   • 주변 정리가 잘 되어 있다. (   )

   ① 매우 그렇지 않다.   ② 그렇지 않다.   ③ 그렇다.   ④ 매우 그렇다.

시를 통해 감정 파악하기

📋 다음의 시를 읽고 느낀 점을 이야기해 봅시다.

번데기와 달팽이

김은영

아침마다 나는
홑이불을 뚤뚤 말고
번데기가 된다.

엄마가
이불을 힘껏 잡아당기면
웅크린 알몸만 남는다.

"어서 일어나
껍데기 홀홀 벗고
나비가 되어야지."

"나, 번데기 아니야.
달팽이란 말이야.
빨리 내 집 돌려줘."

☺ 이 시에 등장하는 주인공과 엄마가 어떤 모습일지 그림으로 그려 봅시다.

☺ 그림을 보고 느낀 감정을 적어 봅시다(뒤에 나와 있는 〈감정단어표〉를 참고해도 좋습니다).

• 그림 속의 주인공과 엄마는 어떤 기분일지 적어 봅시다.

• 주인공과 엄마를 보며 느껴지는 나의 감정을 적어 봅시다.

짜증나요. 더 자고 싶은데 깨워서 기분 나빠요. 엄마가 일찍 깨워 주니 고마워요.

〈감정단어표〉

기쁨, 즐거움, 관심					
기쁘다	흐뭇하다	만족스럽다	반갑다	산뜻하다	상큼하다
재미있다	순진하다	귀엽다	쾌활하다	열광적이다	다정하다
설레다	활기차다	후련하다	자랑스럽다	뭉클하다	통쾌하다
안심이다	감동이다	감격스럽다	정겹다	유쾌하다	따뜻하다
가슴 벅차다	훈훈하다	황홀하다	뿌듯하다	흡족하다	행복하다
상쾌하다	즐겁다	편안하다	푸근하다	짜릿하다	감미롭다
걱정 없다	고맙다	희망차다	확고하다	소중하다	자신 있다
흥분되다	감사하다	행복하다	사랑스럽다	훌륭하다	멋지다
예쁘다	좋아지다	아늑하다			

화, 슬픔, 걱정					
괴롭다	무시당하다	불쾌하다	참기 힘들다	짜증 나다	상처 입다
비참하다	슬프다	걱정하다	증오하다	눈물이 나오다	지루하다
바보 같다	지치다	좌절하다	피로하다	후회스럽다	화가 나다
신경질이 나다	의욕이 없다	외롭다	불안하다	무기력하다	초조하다
침울하다	압도되다	창피하다	놀라다	당황하다	실망하다
성나게 하다	착잡하다	집중이 안 되다	우울하다	겁먹다	긴장하다

☺ 앞서 살펴본 내가 느낀 감정들을 시나 이야기로 적어 봅시다.

> 아침마다 나는 더 자고 싶다.
> 그런데 엄마는 자꾸 나를 깨운다.
> 철수야 어서 일어나!
> 학교 갈 시간이야!
>
> 엄마는 나의 자명종.
> 아이, 힘들어.
> 조금 더 자면 좋겠는데…….

☺ 시를 암송해 보아요.

> **Tip** 학생이 시 전체를 외우는 것을 어려워할 경우, 행 단위나 연 단위로 차근차근 외울 수 있도록 지도
> 한다. 앞에서 공부한 시에 담긴 마음을 떠올리며, 감정을 살려 낭송할 수 있도록 한다. 이는 단순
> 히 시를 기계적으로 암기하는 것이 아니라, 시와 관련된 다양한 자원들을 활용하여 암기를 보다
> 더 효과적으로 할 수 있도록 돕는 것을 목표로 한다.

• 이 시의 제목이 무엇인가요?

_____

_____

• 이 시의 지은이는 누구인가요?

_____

• 시의 1연을 소리 내어 읽고, 노래처럼 시에 리듬을 붙여서 불러 봅시다.

• 노래를 부르면서 시를 외워 봅시다.

• 외운 시를 낭송해 봅시다.

함께 이야기해 보기

📋 시를 읽고 나서 나의 감정을 살펴보고, 그 감정을 표현해 보니 어떤 마음이 드나요? 무엇을 배울 수 있었나요?

아침에 일어나기 싫을 때가 생각나서 공감이 되었어요.

📋 내가 선생님이라고 생각하고 나에게 칭찬의 말을 해 봅시다. 말을 해 줄 때는 조금 부끄럽더라도 상상력을 이용해서 칭찬합니다.

○○아! 오늘 노력을 많이 했어. 기분이 좋지 않고, 몸이 힘들었지만 잘 견디고 끝까지 해낸 모습이 보기 좋았어. 집중하기 어려울 때 노력하는 것을 보니 선생님이 기쁘구나! ^^

2차시: 흔들리는 마음

학습목표	▪ 시에 나타난 인물의 감정을 알 수 있다. ▪ 노래를 통해 시를 암송할 수 있다. ▪ 할 일을 계획하여 시간관리를 할 수 있다.
내용	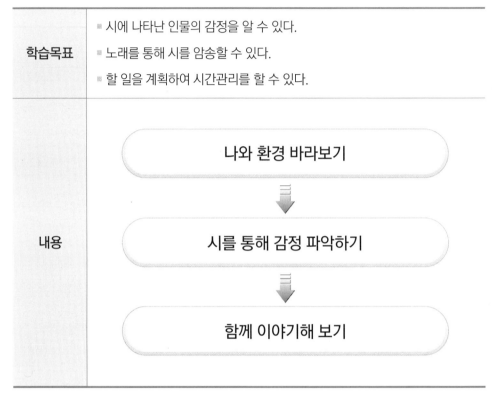

* 관련 단원: 3학년 2학기 읽기 1단원 '마음으로 보아요' / 1차시

 **2차시:**
흔들리는 마음

나와 환경 바라보기

다음 물음에 답하면서 오늘의 공부를 시작해 봅시다(모든 질문에 답하지 않아도 됩니다. 답하고 싶은 질문을 골라 답해 보세요).

1. 오늘 나의 기분은 어떤가요? (   )

   ① 매우 안 좋다.   ② 안 좋다.   ③ 좋다.   ④ 매우 좋다.

2. 나의 기분을 한마디로 표현하면?

   _____

3. 나의 몸 상태는 어떤가요? (   )

   ① 매우 안 좋다.   ② 안 좋다.   ③ 좋다.   ④ 매우 좋다.

4. 지금 공부 분위기는 어떤가요?

   • 조용하다. (   )

     ① 매우 그렇지 않다.   ② 그렇지 않다.   ③ 그렇다.   ④ 매우 그렇다.

   • 조명이 적당하다. (   )

     ① 매우 그렇지 않다.   ② 그렇지 않다.   ③ 그렇다.   ④ 매우 그렇다.

   • 의자와 책상이 편하다. (   )

     ① 매우 그렇지 않다.   ② 그렇지 않다.   ③ 그렇다.   ④ 매우 그렇다.

   • 주변 정리가 잘 되어 있다. (   )

     ① 매우 그렇지 않다.   ② 그렇지 않다.   ③ 그렇다.   ④ 매우 그렇다.

시를 통해 감정 파악하기

다음의 시를 읽고 느낀 점을 이야기해 봅시다.

흔들리는 마음

임길택

공부를 않고
놀기만 한다고
아버지한테 매를 맞았다.

잠을 자려는데
아버지가 슬그머니
문을 열고 들어왔다.

자는 척
눈을 감고 있으니
아버지가
내 눈물을 닦아 주었다.

미워서
말도 안 하려고 했는데
맘이 자꾸 흔들렸다.

😊 이 시에 등장하는 주인공이 아버지께 혼난 이유가 무엇일까요?

_____

Tip 학생이 자신(Being)과 자신의 행동(Doing)을 구분하여 생각할 수 있도록 돕는다. 즉, 부모님께서 꾸중하는 것이 학생 자신에 대한 비난이 아니라 학생의 잘못된 행동을 바로잡기 위함이라는 것을 인식하게 한다.

〈주인공이 아버지께 혼난 이유〉

BEING	O/X	DOING	O/X
• 아버지가 주인공을 미워해서		• 주인공이 공부를 안 하고 하루 종일 놀기만 해서	
• 아버지가 주인공에게 관심이 없어서		• 주인공이 공부를 안 해 시험을 잘못 봐서	
• 아버지가 주인공을 보면 기분이 나빠서		• 주인공이 시험 기간에 컴퓨터 게임만 해서	
• 아버지는 공부 못하는 사람을 싫어해서			

😊 시를 읽고, 등장하는 주인공이 어떤 마음일지 이야기해 봅시다.

아버지가 미운데 눈물을 닦아 주시니까 좋기도 한 마음

😊 나도 부모님께 혼난 경험이 있다면, 왜 혼이 났는지 생각해 봅시다.

_____

_____

부모님께서 나를 혼내실 때, 내가 정말 싫거나 미워서 혼내시는 것은 아닐 거예요. 부모님은 내가 공부를 열심히 하고, 건강하고, 또 앞으로 잘 되기를 바라신답니다. 내가 잘못된 행동을 할 때 혹은 해야 할 일을 하지 않고 놀고 있을 때 부모님은 꾸중을 하십니다. 이것은 부모님께서 나를 사랑하셔서 그 마음을 행동으로 표현하는 것입니다.

☺ 시에서 주인공이 아버지의 마음을 이해해서 앞으로 하루 일과 계획을 짜 보려고
해요. 나의 하루를 생각하며 하루 일과표를 그려 봅시다.

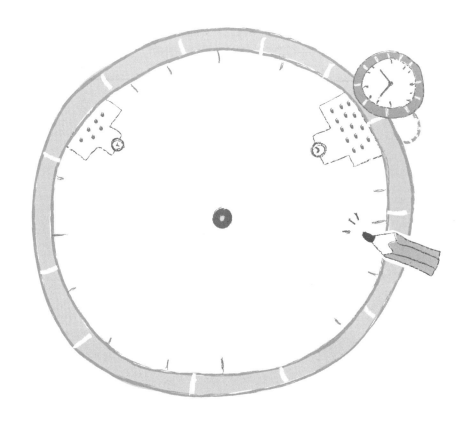

☺ 나의 하루 일과표에서 공부 시간을 떼어 내어 공부 계획을 더욱 자세하게 세워
봅시다. 다음의 표를 작성해 보세요.

시간	할 일	실천 여부
시　분 ～ 시　분		
시　분 ～ 시　분		
시　분 ～ 시　분		
시　분 ～ 시　분		
시　분 ～ 시　분		
시　분 ～ 시　분		

📋 시를 읽고 나서 어떤 마음이 드나요? 무엇을 배울 수 있었나요?

엄마, 아빠가 나를 미워해서 혼내는 것이 아니라는 걸 알게 되었어요.

📋 내가 선생님이라고 생각하고 나에게 칭찬의 말을 해 줍시다. 말을 해 줄 때는 조금 부끄럽더라도 상상력을 이용해서 칭찬합니다.

○○아! 오늘 노력을 많이 했어. 시를 읽으면서 부모님께 혼났던 안 좋은 기억을 떠올려서 마음이 아팠겠지만, 잘 견디고 끝까지 해낸 모습이 보기 좋았어. 게다가 앞으로 공부를 열심히 하기 위해 공부 계획도 세우고 실천하고자 마음을 먹다니 선생님은 네가 참 자랑스럽구나! ^^

3차시: 들꽃을 지키는 방법

학습목표	■ 글을 읽고 국어사전으로 모르는 단어의 뜻을 찾을 수 있다. ■ 단어의 의미를 알고 글의 내용을 파악할 수 있다.
내용	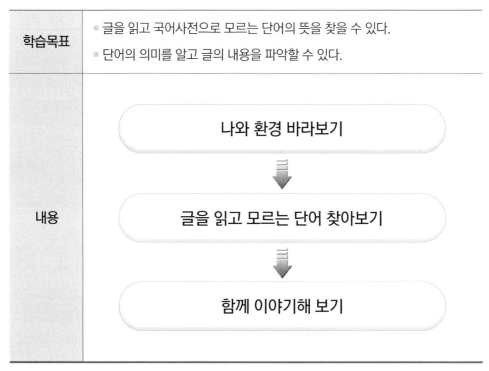

* 관련 단원: 3학년 2학기 읽기 2단원 '이렇게 하면 돼요' / 3차시

나와 환경 바라보기

📋 다음 물음에 답하면서 오늘의 공부를 시작해 봅시다(모든 질문에 답하지 않아도 됩니다. 답하고 싶은 질문을 골라 답해 보세요).

---

1. 오늘 나의 기분은 어떤가요? (　　　)

　　① 매우 안 좋다.　　② 안 좋다.　　③ 좋다.　　④ 매우 좋다.

2. 나의 기분을 한마디로 표현하면?

　　_____

3. 나의 몸 상태는 어떤가요? (　　　)

　　① 매우 안 좋다.　　② 안 좋다.　　③ 좋다.　　④ 매우 좋다.

4. 지금 공부 분위기는 어떤가요?

　• 조용하다. (　　　)

　　① 매우 그렇지 않다.　② 그렇지 않다.　③ 그렇다.　④ 매우 그렇다.

　• 조명이 적당하다. (　　　)

　　① 매우 그렇지 않다.　② 그렇지 않다.　③ 그렇다.　④ 매우 그렇다.

　• 의자와 책상이 편하다. (　　　)

　　① 매우 그렇지 않다.　② 그렇지 않다.　③ 그렇다.　④ 매우 그렇다.

　• 주변 정리가 잘 되어 있다. (　　　)

　　① 매우 그렇지 않다.　② 그렇지 않다.　③ 그렇다.　④ 매우 그렇다.

📋 '들꽃을 지키는 방법'을 읽고 잘 모르는 단어에 밑줄을 그어 봅시다.

들꽃은 꺾으면 안 됩니다. 함부로 꺾기 때문에 수백 종류의 풀과 들꽃이 이미 멸종하였거나 멸종할 위험에 놓여 있습니다. 도서관에 가면 '멸종 위기에 있는 식물'의 목록을 구할 수 있습니다. 그런 식물은 절대 꺾지 마세요.

들꽃을 지키는 가장 좋은 방법은 들꽃을 있는 곳에 그대로 두고 즐기는 것입니다. 그 꽃을 집으로 가져오고 싶으면 그림으로 그리거나 사진을 찍으세요. 그러면 아름다운 들꽃을 오래 볼 수 있습니다.

그래도 들꽃을 꺾고 싶으면 민들레처럼 흔한 꽃을 꺾으세요. 꽃을 꺾을 때에는 뿌리째 뽑지 말고 가위로 자르세요. 그래야 그다음 해에도 꽃을 볼 수 있습니다.

☺ 이 글을 읽고 내용을 어느 정도 이해하게 되었는지 표시해 보세요. '10점'이면 전부 다 아는 것이고, ' 0점'이면 아무것도 모르는 것입니다.

0	1	2	3	4	5	6	7	8	9	10

☺ 그렇다면 글의 내용을 어느 정도 이해하면 좋을까요?

0	1	2	3	4	5	6	7	8	9	10

☺ 국어사전을 이용하여 밑줄 친 단어의 뜻을 써 봅시다.

_____

_____

_____

☺ 이제 단어의 뜻을 생각하면서 소리 내어 읽어 봅시다.

들꽃은 꺾으면 안 됩니다. 함부로 꺾기 때문에 수백 종류의 풀과 들꽃이 이미 멸종하였거나 멸종할 위험에 놓여 있습니다. 도서관에 가면 '멸종 위기에 있는 식물'의 목록을 구할 수 있습니다. 그런 식물은 절대 꺾지 마세요.

들꽃을 지키는 가장 좋은 방법은 들꽃을 있는 곳에 그대로 두고 즐기는 것입니다. 그 꽃을 집으로 가져오고 싶으면 그림으로 그리거나 사진을 찍으세요. 그러면 아름다운 들꽃을 오래 볼 수 있습니다.

그래도 들꽃을 꺾고 싶으면 민들레처럼 흔한 꽃을 꺾으세요. 꽃을 꺾을 때에는 뿌리째 뽑지 말고 가위로 자르세요. 그래야 그다음 해에도 꽃을 볼 수 있습니다.

☺ 글을 읽고 내용을 어느 정도 알게 되었는지 표시해 보세요.

0	1	2	3	4	5	6	7	8	9	10

☺ 글의 내용을 잘 알기 위해서 얼마나 노력을 했나요? 많이 했으면 '5점', 노력하지 않았으면 '0점'에 표시하세요.

0	1	2	3	4	5

사전을 찾는 '노력'을 하게 되면 시간이 들고 힘이 듭니다. 하지만 단어의 내용을 잘 알게 되면 글의 내용을 더 잘 이해할 수 있습니다.

모르는 단어가 있을 때는 사전을 찾아보는 방법이 있고, 또 친구나 부모님, 선생님에게 물어보는 방법도 있습니다. 자신이 잘 모르는 것이 있을 때 다른 사람이나 책의 도움을 받는 것은 나에게 친절해지는 방법입니다.

모르는 것이 있을 때는 자신에게 친절해지는 방법을 꼭 사용해 보세요.

3차시:
들꽃을 지키는 방법

함께 이야기해 보기

📋 모르는 단어가 있을 때 국어사전을 이용해서 단어를 찾아보았습니다. 단어를 찾으려는 '노력'을 하니까 내용을 잘 알 수 있었습니다. 노력해서 더 잘 알게 되니까 기분이 어떤가요?

힘들지만 알게 되어서 다행이다.

📋 공부하느라 수고한 나에게 따뜻한 이야기를 해 줍시다. 따뜻한 이야기를 많이 해 줄수록 용기가 생기고, 공부하는 것이 즐거워집니다.

○○아! 모르는 것이 있을 때 책에게 도움을 받는 것은 너에게 친절해지는 일이란다. 모르는 것을 알게 되면 마음의 힘이 커지니까 말이야. 책, 특히 '국어사전'은 잘 모르는 단어가 있을 때 너를 도와주는 친절한 친구란다.

앞으로도 모르는 단어가 있으면 '국어사전'에게 물어보는 친절함을 베풀도록 하자. 파이팅!

학습목표	■ 글을 읽기 전에 그림과 제목을 보고 내용을 예상할 수 있다. ■ 글쓴이가 '콩이 된장으로 변했어요'를 쓰면서 어떻게 느꼈을지 생각해 볼 수 있다. ■ 글의 내용을 표로 정리할 수 있다.
내용	나와 환경 바라보기 ↓ 그림 보고 내용 예상하기 ↓ 제목 보고 내용 예상하며 글 읽기 ↓ 함께 이야기해 보기

* 관련 단원: 3학년 2학기 읽기 2단원 '이렇게 하면 돼요' / 5, 6차시

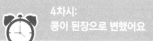

4차시:
콩이 된장으로 변했어요

나와 환경 바라보기

📋 다음 물음에 답하면서 오늘의 공부를 시작해 봅시다(모든 질문에 답하지 않아도 됩니다. 답하고 싶은 질문을 골라 답해 보세요).

1. 오늘 나의 기분은 어떤가요? (   )

　　① 매우 안 좋다.　　② 안 좋다.　　③ 좋다.　　④ 매우 좋다.

2. 나의 기분을 한마디로 표현하면?

　　_____

3. 나의 몸 상태는 어떤가요? (   )

　　① 매우 안 좋다.　　② 안 좋다.　　③ 좋다.　　④ 매우 좋다.

4. 지금 공부 분위기는 어떤가요?

　• 조용하다. (   )

　　① 매우 그렇지 않다.　② 그렇지 않다.　③ 그렇다.　④ 매우 그렇다.

　• 조명이 적당하다. (   )

　　① 매우 그렇지 않다.　② 그렇지 않다.　③ 그렇다.　④ 매우 그렇다.

　• 의자와 책상이 편하다. (   )

　　① 매우 그렇지 않다.　② 그렇지 않다.　③ 그렇다.　④ 매우 그렇다.

　• 주변 정리가 잘 되어 있다. (   )

　　① 매우 그렇지 않다.　② 그렇지 않다.　③ 그렇다.　④ 매우 그렇다.

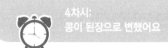

4차시:
콩이 된장으로 변했어요

그림 보고 내용 예상하기

📋 다음 그림은 이번 시간에 읽을 글과 관련된 그림입니다.

😊 그림을 보고 글에서 담고 있는 내용은 어떤 것일지 예상하여 적어 봅시다.

할머니께서 메주를 나누어 주시는 내용일 것 같다.

장독대에서 메주를 꺼내는 내용일 것 같다.

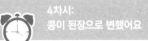
제목 보고 내용 예상하며 글 읽기

다음은 이번에 읽어 볼 글의 제목입니다. 글을 읽기 전에 제목을 보면 어떤 내용이 나올 것 같은가요?

제목: 콩이 된장으로 변했어요

콩이 어떻게 된장으로 변했는지를 알려 주는 내용일 것 같다.

이제 글을 읽어 봅시다. 내가 예상한 내용과 비슷했는지 달랐는지 생각하며 읽고 정리해 봅시다.

콩이 된장으로 변했어요

할머니께서 메주를 방에 매달아 놓으셨다. 방에서 이상한 냄새가 났다.

"할머니, 냄새가 너무 심해요!"

"그래, 그래도 된장찌개는 잘 먹지?"

할머니께서는 메주가 익으면 된장을 담그신다.

나는 할머니께서 끓여 주시는 된장찌개를 좋아한다. 된장찌개만 있으면 밥을 두세 그릇도 뚝딱 해치운다. 그럴 때면 메주에서 냄새가 난다고 투덜거린 것이 죄송스럽다. 이렇게 맛있는 된장은 어떻게 만드는 것일까?

나는 메주로 된장을 만드는 과정을 자세히 알아보았다.

먼저, 메주콩을 열두 시간 동안 물에 불린 뒤에 푹 삶습니다. 삶은 콩은 절구에 찧어 반죽처럼 만듭니다. 찧은 콩 반죽을 네모난 모양으로 빚어 메주를 만듭니다.

잘 만든 메주를 따뜻한 방에서 꾸덕꾸덕할 때까지 말립니다. 메주를 따뜻한 곳에 두면, 우리 몸에 이로운 성분이 생깁니다. 2~3일간 메주를 잘 말려 볏짚으로 묶어 띄울 준비를 합니다.

☺ 방에서 이상한 냄새가 났을 때 글쓴이는 어떤 마음이었을까요?

방을 나가고 싶을 만큼 싫었을 것 같다.

메주를 볏짚으로 묶어 바람이 잘 통하는 곳에 매달아 놓습니다. 볏짚과 공기 중에는 메주를 분해하는 여러 가지 미생물이 살고 있습니다.

메주를 서너 달 동안 매달아 놓으면 된장의 고유한 맛과 향기를 내는 미생물이 번식합니다. 이 성분을 사람이 먹으면 몸이 튼튼하고 건강하게 됩니다.

이렇게 잘 띄운 메주를 깨끗이 씻어서 적당히 햇볕에 말립니다. 그런 뒤에 항아리에 메주와 소금물을 넣습니다. 이때 붉은 고추와 숯을 함께 넣어 줍니다. 붉은 고추와 숯은 잡균을 없애고 냄새를 제거해 주는 역할을 합니다. 20~30일이 지나면 항아리에서 메주를 건져 냅니다.

걸러 낸 건더기를 삭혀 된장을 만듭니다. 메주 건더기에 소금을 잘 뿌려서 항아리에 담습니다. 그리고 빗물이 들어가지 않게 주의하면서 햇볕을 쐬어 주면 메주가 삭아 된장이 됩니다.

☺ 메주로 된장을 만드는 과정을 배웠습니다. 그 뒤에 글쓴이는 메주에 대해 어떻게 느꼈을까요?

메주 냄새가 고약하지만 그래도 맛있는 된장을 만들기 위한 과정이니 참을 만하다고 생각할 것 같다.

예상과 비슷했던 점	달랐던 점
• 콩으로 된장을 만드는 내용인 것이 비슷했다.	• 할머니가 주인공일 줄 알았는데 아니었다. • 콩이 된장으로 갑자기 변할 줄 알았는데 과정이 복잡했다.

📋 '콩이 된장으로 변했어요'의 내용을 정리해 봅시다.

☺ 메주를 따뜻한 방에서 말린 뒤에 어떻게 하나요?

메주를 볏짚으로 묶어 바람이 잘 통하는 곳에 매달아 놓는다.

☺ 잘 띄운 메주를 담은 항아리에 무엇을 넣나요?

소금물, 붉은 고추와 숯을 넣는다.

☺ 잘 걸러 낸 메주 건더기에 소금을 넣으면 무엇이 되나요?

된장이 된다.

☺ 이 글의 주제는 무엇일까요?

콩(메주)으로 된장을 만드는 과정

📋 '콩이 된장으로 변했어요'를 다시 읽고 글의 내용을 파악하여 표를 완성해 봅시다.

메주 만들기		메주 말리기		메주 띄우기
메주 반죽을 만들어 모양을 낸다.	⇨	따뜻한 방에서 꾸덕꾸덕할 때까지 말린다.	⇨	메주의 이로운 성분이 나오도록 서너 달 동안 바람이 잘 통하는 곳에 매달아 놓는다.

⇩

된장 만들기		항아리에 메주와 소금물 넣기
걸러 낸 메주 건더기에 소금을 뿌려 항아리에 담아 삭히면 된장이 된다.	⇦	잘 띄운 메주와 소금물을 항아리에 넣는다. 이때 붉은 고추와 숯을 함께 넣는다.

☺ 글의 내용을 표로 정리하니 어떤 마음이 드나요?

보기 편해서 기분이 좋다.

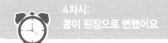
함께 이야기해 보기

📋 글을 읽기 전에 그림과 제목을 보고 글의 내용을 예상해 보았습니다. 이렇게 예상을 해 보니 어떤 마음이 들었나요?

글의 내용에 대해 호기심이 생겼다.

📋 글을 읽고 내용을 정리했습니다. 글로 정리한 후 표로 정리해 보았을 때 어떤 마음이 들었나요?

표로 정리하니 깔끔하고 보기 좋아서 만족스러웠다.

📋 예상하고 표로 정리하는 활동을 통해 오늘 배운 내용을 정리해 봅시다.

글의 내용을 먼저 예상해 보고 읽으니 재미있게 읽을 수 있는 것 같다. 그리고 내용을 표로 정리하면 보기가 편하고 나 스스로도 잘 이해되는 것 같다.

5차시: 우리는 한편이야

학습목표	▪ 글의 내용에 따라 문장이 어떻게 사용되는지 알 수 있다. ▪ 문장의 종류에 따라 자신의 감정을 표현할 수 있다.
내용	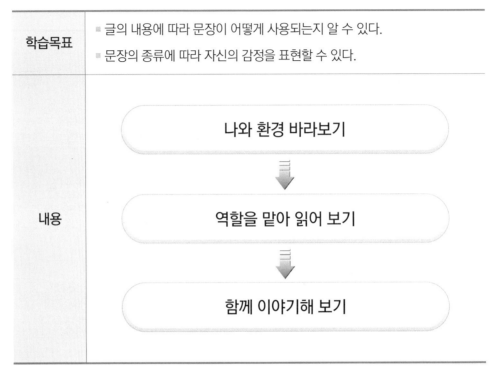

* 관련 단원: 3학년 2학기 읽기 5단원 '우리는 한편이야' / 3차시

나와 환경 바라보기

다음 물음에 답하면서 오늘의 공부를 시작해 봅시다(모든 질문에 답하지 않아도 됩니다. 답하고 싶은 질문을 골라 답해 보세요).

1. 오늘 나의 기분은 어떤가요? (   )

   ① 매우 안 좋다.   ② 안 좋다.   ③ 좋다.   ④ 매우 좋다.

2. 나의 기분을 한마디로 표현하면?

   _____

3. 나의 몸 상태는 어떤가요? (   )

   ① 매우 안 좋다.   ② 안 좋다.   ③ 좋다.   ④ 매우 좋다.

4. 지금 공부 분위기는 어떤가요?

   • 조용하다. (   )

      ① 매우 그렇지 않다.   ② 그렇지 않다.   ③ 그렇다.   ④ 매우 그렇다.

   • 조명이 적당하다. (   )

      ① 매우 그렇지 않다.   ② 그렇지 않다.   ③ 그렇다.   ④ 매우 그렇다.

   • 의자와 책상이 편하다. (   )

      ① 매우 그렇지 않다.   ② 그렇지 않다.   ③ 그렇다.   ④ 매우 그렇다.

   • 주변 정리가 잘 되어 있다. (   )

      ① 매우 그렇지 않다.   ② 그렇지 않다.   ③ 그렇다.   ④ 매우 그렇다.

역할을 맡아 읽어 보기

한밤중이었어요. 잠이 오지 않아 몸을 움직였더니 침대가 삐걱거렸어요.

"잠이 안 와?"

아래층 침대에서 누나가 물었어요.

"응."

"우리, 두더지놀이 할래?"

"와, 좋아!"

나는 자리에서 후다닥 일어나 아래층으로 내려갔어요.

"조용히 놀아야 해. 엄마, 아빠 깨시니까."

우리는 소리를 내지 않고 입만 벙긋거리며 가위바위보를 했어요.

내가 져서 두더지가 됐어요. 나는 몸을 납작 엎드려 침대 밑으로 들어갔어요. 이제 술래가 된 누나가 나를 잡아야 할 차례예요. 누나가 나를 잡으려고 방바닥에 납작 엎드려 팔을 침대 밑으로 쑥 집어넣었어요. 나는 누나에게 잡히지 않으려고 좁은 침대 밑을 이리저리 기어 다녔어요.

"너무 깜깜해서 안 보이잖아. 두더지 소리를 내기로 할까?"

그때 부모님 방에서 엄마, 아빠 목소리가 좀 크게 들렸어요. 누나는 엄마와 아빠가 다투시는 모양이라고 했어요. 누나와 나는 걱정스러운 마음으로 잠이 들었어요.

☺ 이야기를 읽고 제목을 정해 보세요.

누나와 나의 놀이, 한밤중의 놀이

☺ 이야기에 나오는 인물이 되어 다시 읽어 봅시다.

Tip 실제로 역할을 맡아보면서 그 역할의 느낌과 감정을 이해할 수 있다. 그리고 이러한 이해가 문장부호의 쓰임새를 이해하는 것으로 자연스럽게 연결될 수 있도록 한다.

☺ 실제로 자신이 맡은 역할에서 대화한 말을 써 봅시다.

누나가 한 말을 문장으로 써 보세요.	동생이 한 말을 문장으로 써 보세요.
"잠이 안 와?" "우리 두더지놀이 할래?" "조용히 놀아야 해. 엄마, 아빠 깨시니까."	"응." "와, 좋아!"

☺ 실제로 역할을 정해서 읽어 보니, 내용을 잘 이해했나요?

누나의 마음과 동생의 마음이 잘 느껴져요.

☺ 다음 문장의 종류에 따라 문장 부호를 나타내어 봅시다.

• "잠이 안 와(?   )"

• "우리, 두더지놀이 할래(?   )"

• "와, 좋아(!   )"

☺ 이번에는 앞의 글 전체에서 묻는 문장, 감탄하는 문장, 풀이하는 문장, 권유하는 문장, 시키는 문장을 찾아서 적어 봅시다.

묻는 문장	감탄하는 문장	풀이하는 문장
"잠이 안 와?"	"와, 좋아!"	나는 자리에서 후다닥 일어나 아래층으로 내려갔어요.

권유하는 문장	시키는 문장
"우리, 두더지놀이 할래?"	"조용히 놀아야 해. 엄마, 아빠 깨시니까."

☺ 이야기 다음에 일어날 상황을 예측해서 적어 봅시다.

자면서 무서운 꿈을 꾼다.

☺ 이야기 다음에 일어날 상황을 예측해 보면 어떤 기분이 드나요?

무서운 꿈이라니 생각만 해도 무섭다.

☺ 앞의 글에서 자신이 분류한 문장 종류가 맞는지 확인해 봅시다.

● 묻는 문장: "잠이 안 와?"

● 감탄하는 문장: "와, 좋아!"

● 풀이하는 문장: 나는 자리에서 후다닥 일어나 아래층으로 내려갔어요.

● 시키는 문장: "조용히 놀아야 해. 엄마, 아빠 깨시니까."

📋 이야기에서 문장의 종류를 살펴보고, 실제 역할을 맡아 읽으니 어땠나요?

내용을 잘 알게 되었어요.

📋 글의 내용을 예상하고 전개 과정을 예측하며 읽어 봅시다.

📋 오늘 배운 것처럼 실제 상황에서 자신의 감정을 알아차리고 스스로에게 표현해 봅시다.

○○아! 오늘 노력을 많이 했어. 기분이 좋지 않고, 몸이 힘들었지만 잘 견디고 끝까지 해낸 모습이 보기 좋았어. 집중하기 어려울 때 노력하는 것을 보니 선생님이 기쁘구나!

6차시: 모르는 단어

학습목표	■ 모르는 단어의 뜻을 예측해 볼 수 있다. ■ 국어사전을 활용하여 낱말의 뜻을 찾을 수 있다.
내용	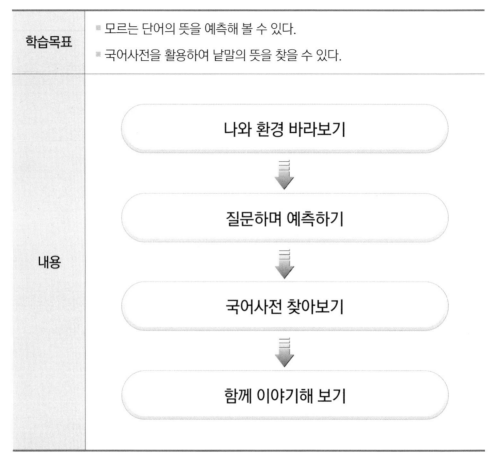

* 관련 단원: 3학년 2학기 읽기 2단원 '이렇게 하면 돼요' / 1차시

나와 환경 바라보기

다음 물음에 답하면서 오늘의 공부를 시작해 봅시다(모든 질문에 답하지 않아도 됩니다. 답하고 싶은 질문을 골라 답해 보세요).

1. 오늘 나의 기분은 어떤가요? (　　　)
   ① 매우 안 좋다.　　② 안 좋다.　　③ 좋다.　　④ 매우 좋다.

2. 나의 기분을 한마디로 표현하면?

   _____

3. 나의 몸 상태는 어떤가요? (　　　)
   ① 매우 안 좋다.　　② 안 좋다.　　③ 좋다.　　④ 매우 좋다.

4. 지금 공부 분위기는 어떤가요?

   • 조용하다. (　　　)
     ① 매우 그렇지 않다.　② 그렇지 않다.　③ 그렇다.　④ 매우 그렇다.

   • 조명이 적당하다. (　　　)
     ① 매우 그렇지 않다.　② 그렇지 않다.　③ 그렇다.　④ 매우 그렇다.

   • 의자와 책상이 편하다. (　　　)
     ① 매우 그렇지 않다.　② 그렇지 않다.　③ 그렇다.　④ 매우 그렇다.

   • 주변 정리가 잘 되어 있다. (　　　)
     ① 매우 그렇지 않다.　② 그렇지 않다.　③ 그렇다.　④ 매우 그렇다.

질문하며 예측하기

 다음 글을 읽어 봅시다.

> 한겨울에는 바람이 세게 불면 실제 온도가 낮지 않아도 훨씬 춥게 느껴집니다. 그리고 여름에는 공기 중에 습기가 많으면 더 덥게 느껴집니다. 이것을 '체감 온도'라고 합니다.

'습기'가 뭘까? '체감'은 뭐지? 낱말의 뜻을 모르니까 문장을 읽어도 무슨 내용인지 알 수가 없네.

 동주는 '습기'와 '체감'이라는 낱말이 낯설었어요. 글을 읽으면서 모르는 낱말이 있었나요? 모르는 낱말을 보았을 때 어떤 마음이 드나요?

저도 습기와 체감이라는 낱말의 정확한 뜻을 모르겠어요. 모르는 낱말이 나오면 당황스럽고 왠지 어려운 글이라는 느낌이 들어서 내용을 이해하기가 더 힘들어져요.

> **Tip** 짧은 글이라도 모르는 단어가 나오면 당황하는 학생의 마음을 잘 수용해 주는 것이 중요하다. 그런 마음이 드는 것이 자연스럽지만 그것을 극복할 수 있도록 돕는 학습기술이 있다는 것을 알려 주어야 한다.

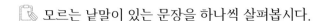 모르는 낱말이 있는 문장을 하나씩 살펴봅시다.

 그리고 여름에는 공기 중에 습기가 많으면 더 덥게 느껴집니다.

☺ 이 문장 속에는 습기라는 낱말의 뜻을 예측해 볼 수 있도록 도와주는 힌트들이 있어요. 습기라는 낱말 대신에 '○○'(이)라고 넣어 보아요.

 그리고 여름에는 공기 중에 ○○가(이) 많으면 더 덥게 느껴집니다.

☺ 여름에 공기 중에 무엇이 많으면 더 덥게 느껴지나요? 가만히 서 있어도 땀이 주르륵 흐르던, 유난히 더웠던 여름날을 한번 생각해 보세요.

 모르는 낱말이 나오더라도 그 낱말 주위를 둘러싸고 있는 내용들이 '힌트' 역할을 해 줄 수 있다는 것을 기억합시다. 힌트들을 가지고 스스로에게 질문을 던져서 모르는 낱말의 뜻을 예측해 보세요.

국어사전 찾아보기

📋 모르는 낱말을 보았을 때 국어사전을 이용하여 바로 낱말의 정확한 뜻을 찾아볼 수도 있어요. 하지만 앞의 활동에서처럼 질문과 예상하기 단계를 거치면 낱말의 뜻이 나의 머릿속에 더욱 깊이 새겨진답니다.

☺ 자, 그럼 국어사전을 한번 찾아볼까요?

첫 번째 글자	두 번째 글자
습	기

☺ '습기'를 국어사전에서 찾으려면, 먼저 첫 번째 글자인 '습'을 찾고, 그다음에 두 번째 글자인 '기'를 붙여 글자가 짜인 순서대로 찾아야 합니다. 첫 번째 글자는 동그라미로, 두 번째 글자는 네모로, 각 글자가 짜인 소리들에 표시해 보세요.

첫소리	ㄱ ㄲ ㄴ ㄷ ㄸ ㄹ ㅁ ㅂ ㅃ ⟨ㅅ⟩ ㅆ ㅇ ㅈ ㅉ ㅊ ㅋ ㅌ ㅍ ㅎ
가운뎃소리	ㅏ ㅐ ㅑ ㅒ ㅓ ㅔ ㅕ ㅖ ㅗ ㅘ ㅙ ㅚ ㅛ ㅜ ㅝ ㅞ ㅟ ㅠ ⟨ㅡ⟩ ㅢ ｜
끝소리	(끝소리 순서 넣기) ㄱ ㄲ ㄳ ㄴ ㄵ ㄶ ㄷ ㄸ ㄹ ㄺ ㄻ ㄼ ㄽ ㄾ ㄿ ㅀ ㅁ ⟨ㅂ⟩ ㅃ ㅄ ㅅ ㅆ ㅇ ㅈ ㅉ ㅊ ㅋ ㅌ ㅍ ㅎ

☺ 국어사전에서 찾은 낱말의 뜻을 적어 보세요.

[명사] 물기가 많아 젖은 듯한 기운.

☺ 글의 문장에 어울리는 뜻인가요?

네.

| 6차시: | 함께 이야기해 보기 |
| 모르는 단어 | |

글을 읽다가 모르는 낱말이 나왔을 때 당황하거나 즉시 국어사전을 찾아보는 대신, 먼저 모르는 낱말 주위에 있는 내용들을 힌트로 사용하여 낱말의 뜻을 예측해 보는 연습을 해 보았어요. 이 방법을 사용했더니 어땠나요?

글을 읽다가 사전을 찾게 되면 읽는 흐름도 끊기는데, 그러지 않을 수 있어서 좋았어요. 그리고 모르는 낱말의 뜻을 더 잘 기억할 수 있을 것 같아요.

내가 선생님이라고 생각하고 나에게 칭찬의 말을 해 줍시다. 말을 해 줄 때는 조금 부끄럽더라도 상상력을 이용해서 칭찬합니다.

○○아! 모르는 낱말이 나와도 당황하거나 포기하지 않고 글의 내용을 찬찬히 본 것이 참 대단하구나. 이제 모르는 낱말이 하나 줄었어! 앞으로도 이렇게 적극적으로 읽는 연습을 해 나가자!

영역2
수학

1차시: 네 자릿수 + 세 자릿수 1

학습목표	▪ 문제를 읽고 문제를 이해할 수 있다. ▪ 어림한 네 자릿수 덧셈을 할 수 있다.
내용	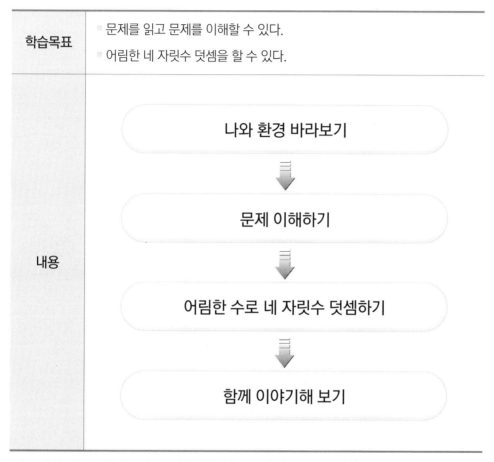

* 관련 단원: 3학년 2학기 수학 1단원 '(네 자릿수) + (세 자릿수)를 계산할 수 있어요' / 1차시

1차시:
네 자릿수 + 세 자릿수 1

나와 환경 바라보기

다음 물음에 답하면서 오늘의 공부를 시작해 봅시다(모든 질문에 답하지 않아도 됩니다. 답하고 싶은 질문을 골라 답해 보세요).

1. 오늘 나의 기분은 어떤가요? (   )
  ① 매우 안 좋다.   ② 안 좋다.   ③ 좋다.   ④ 매우 좋다.

2. 나의 기분을 한마디로 표현하면?

   _____

3. 나의 몸 상태는 어떤가요? (   )
  ① 매우 안 좋다.   ② 안 좋다.   ③ 좋다.   ④ 매우 좋다.

4. 지금 공부 분위기는 어떤가요?

  • 조용하다. (   )
    ① 매우 그렇지 않다.   ② 그렇지 않다.   ③ 그렇다.   ④ 매우 그렇다.

  • 조명이 적당하다. (   )
    ① 매우 그렇지 않다.   ② 그렇지 않다.   ③ 그렇다.   ④ 매우 그렇다.

  • 의자와 책상이 편하다. (   )
    ① 매우 그렇지 않다.   ② 그렇지 않다.   ③ 그렇다.   ④ 매우 그렇다.

  • 주변 정리가 잘 되어 있다. (   )

    ① 매우 그렇지 않다.   ② 그렇지 않다.   ③ 그렇다.   ④ 매우 그렇다.

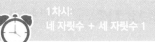

문제 이해하기

농구장에서 많은 사람이 응원을 하고 있습니다. 입장한 사람들 중 어른은 2,728명이고 어린이는 487명입니다. 입장한 사람은 모두 몇 천 몇 백 명인지 어림하여 봅시다.

여러분은 위의 문제를 읽은 후, 이 문제를 읽지 않은 친한 친구에게 설명을 해 줄 것입니다. 뭐라고 설명할지 적어 봅시다.

농구장에 사람이 많이 있어. 농구장 안에 들어온 사람들 중에서 어른은 2,728명이고, 우리와 같은 어린이는 487명이야. 그러면 농구장에 들어온 사람은 모두 몇 명일까?

설명하면서 혹시 이해가 안 되거나 어려운 부분이 있나요?

'어림'이라는 단어가 무슨 뜻인지 어려워요.

문제가 말로 되어 있어서 힘들어요.

어림: 대강 짐작으로 헤아림

(출처: 네이버 국어사전)

Tip 학생의 '노력'을 칭찬해 준다. 학생은 아직 네 자릿수의 개념과 네 자릿수의 덧셈이 익숙하지 않을 수 있다.
이번 차시에서 배울 개념을 잘 모르기 때문에 모른다고 이야기하는 것이 지극히 자연스러운 일이며, 또 배우고자 노력하는 용기 있는 행동이다. "○○(이)가 이걸 모르는구나. 무엇을 모르는지 아는 걸 보니 네가 집중을 잘하고 있는 걸 알겠어." "좀 힘들겠지만 ○○(이)가 노력하면 집중할 수 있어."라고 격려해 준다.

어림한 수로 네 자릿수 덧셈하기

📋 문제를 한번 풀어 봅시다.

😊 입장한 어른은 몇 천 몇 백 명이라고 어림할 수 있습니까? 다음의 그림을 보면서 어른이 몇 천 몇 백 명인지 어림해 봅시다.

2700 ——————○——————————————————— 2800

- 일직선 위에 2728은 어디쯤 있을까요? 선 위에 점으로 나타내 보세요.

- 2728은 2700과 2800 중에 어느 쪽에 더 가깝나요?

  2700

😊 위의 방법을 사용하여 다음의 문제들을 풀어 봅시다.

① 3498은 어느 쪽에 더 가깝나요?

3400 ———————————————————————○ 3500

② 5621은 어느 쪽에 더 가깝나요?

5600 ————○————————————————— 5700

③ 9848은 어느 쪽에 더 가깝나요?

9800 ———————————○——————————— 9900

Tip 그림이나 표를 사용하는 방법을 통해 학생들은 직관적인 이해를 할 수 있습니다.

☺ 입장한 어린이는 몇 백 명이라고 어림할 수 있습니까? 아래의 그림을 보면서 어린이는 몇 백 명인지 어림해 봅시다.

```
            400                                    ○           500
```

- 일직선 위에 487은 어디쯤 있을까요? 선 위에 점으로 나타내 보세요.
- 487은 400과 500 중에 어느 쪽에 더 가깝나요?

500

☺ 위의 방법을 사용하여 다음의 문제들을 풀어 봅시다.

① 738은 어느 쪽에 더 가깝나요?

```
            700              ○                      800
```

② 563은 어느 쪽에 더 가깝나요?

```
            500                      ○              600
```

③ 285는 어느 쪽에 더 가깝나요?

```
            200                          ○          300
```

📋 위에서 어림하여 구한 어른과 어린이는 모두 몇 천 몇 백 명입니까?

어른: ————————— ⇨ (2,700)명
      2700   2800

어린이: ————————— ⇨ (500)명
       400   500

어른 ⇨	(2,700)
+어린이 ⇨	+ (500)
	(3,200)

☺ 앞의 방법을 사용하여 다음의 문제들을 풀어 봅시다.

• 소 4231마리, 돼지 569마리

소: ─────────────── ⇨ (4,200)마리
  4200   4300

돼지: ─────────────── ⇨ (600)마리
   500   600

소 ⇨	(4,200)
+돼지 ⇨ +	(600)
	(4,800)

• 축구공 7342개, 농구공 272개

축구공: ─────────────── ⇨ (7,300)개
    7300   7400

농구공: ─────────────── ⇨ (300)개
    200   300

축구공 ⇨	(7,300)
+농구공 ⇨ +	(300)
	(7,600)

함께 이야기해 보기

📋 오늘 공부는 어땠나요? 언제가 좋았고 언제가 힘들었나요?

머리셈을 더 잘할 수 있게 되었어요.

📋 나를 선생님이라고 생각하고 나에게 칭찬의 말을 해 줍시다. 말을 해 줄 때는 조금 부끄럽더라도 상상력을 이용해서 칭찬합니다.

○○아! 오늘 노력을 많이 했어. 수학 문제가 어려웠지만 잘 견디고 끝까지 해낸 모습이 보기 좋았어. 집중하기 어려울 때 노력하는 것을 보니 선생님이 기쁘구나!

학습목표	▪ 네 자릿수와 세 자릿수 덧셈을 할 수 있다. ▪ 수 모형, 머리셈, 필산을 할 수 있다.
내용	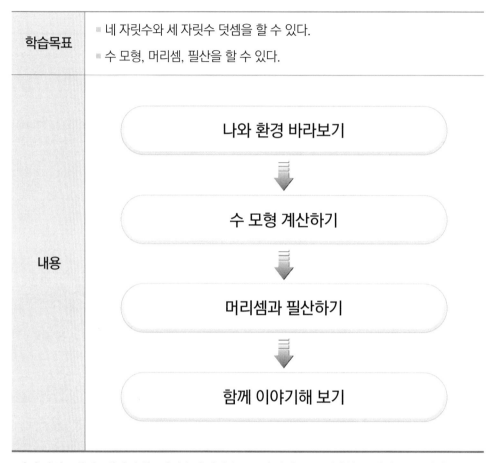

* 관련 단원: 3학년 2학기 수학 1단원 '(네 자릿수) + (세 자릿수)를 계산할 수 있어요' / 2차시

나와 환경 바라보기

다음 물음에 답하면서 오늘의 공부를 시작해 봅시다(모든 질문에 답하지 않아도 됩니다. 답하고 싶은 질문을 골라 답해 보세요).

1. 오늘 나의 기분은 어떤가요? (　　　)

　① 매우 안 좋다.　　② 안 좋다.　　③ 좋다.　　④ 매우 좋다.

2. 나의 기분을 한마디로 표현하면?

_____

3. 나의 몸 상태는 어떤가요? (　　　)

　① 매우 안 좋다.　　② 안 좋다.　　③ 좋다.　　④ 매우 좋다.

4. 지금 공부 분위기는 어떤가요?

• 조용하다. (　　　)

　① 매우 그렇지 않다.　② 그렇지 않다.　③ 그렇다.　④ 매우 그렇다.

• 조명이 적당하다. (　　　)

　① 매우 그렇지 않다.　② 그렇지 않다.　③ 그렇다.　④ 매우 그렇다.

• 의자와 책상이 편하다. (　　　)

　① 매우 그렇지 않다.　② 그렇지 않다.　③ 그렇다.　④ 매우 그렇다.

• 주변 정리가 잘 되어 있다. (　　　)

　① 매우 그렇지 않다.　② 그렇지 않다.　③ 그렇다.　④ 매우 그렇다.

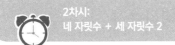
수 모형 계산하기

📋 728 + 487은 얼마라고 생각합니까? 수 모형 그림을 사용하여 알아봅시다.

7	2	8
4	8	7

😊 위의 수 모형을 보고, 덧셈의 답을 찾아보세요.

$$728 + 487 = 1215$$

각 자리에서 모형이 10개가 모이면 윗자리로 1개가 옮겨져야 합니다. 일의 자리에서 10개가 모이면 십의 자리 1개가 됩니다. 이것을 다른 말로 '받아올림'이라고 합니다.

2728 + 487은 얼마라고 생각합니까? 수 모형 그림을 사용하여 알아봅시다.

2	7	2	8
	4	8	7

📝 1256 + 398은 얼마라고 생각합니까? 수 모형 그림을 사용하여 알아봅시다.

1	2	5	6
	3	9	8

📝 수 모형 그림을 사용할 때 좋은 점과 그렇지 않은 점을 이야기해 봅시다.

그림을 사용하기 때문에 한눈에 답을 알 수 있다. 하지만 그림을 사용하기 때문에 시간이 오래 걸리는 단점이 있다.

2차시:
네 자릿수 + 세 자릿수 2

머리셈과 필산하기

📋 머리셈으로 문제를 계산하여 봅시다.

$$2728 + 487 = 3215$$

 머리셈은 연필로 쓰거나 계산기를 사용하지 않고 머릿속으로 계산하는 방법을 말합니다.

📋 어떻게 답을 구하게 되었는지 자기가 알고 있는 대로 이야기해 봅시다.

받아올림을 해서 더해 주었습니다.

📋 필산으로 계산하여 봅시다.

	2	7	2	8
+		4	8	7
	3	2	1	5

 필산이란 연필을 가지고 직접 계산해 보는 것을 말합니다.

📋 다음을 머리셈으로 계산해 보세요.

$$3597 + 835 = 4432$$ $$6874 + 576 = 7450$$

📋 다음을 필산으로 계산해 보세요.

	4	8	6	5
+		7	8	1
	5	6	4	6

	3	2	8	9
+		7	5	3
	4	0	4	2

함께 이야기해 보기

📋 오늘 공부는 어땠나요? 언제가 좋았고 언제가 힘들었나요?

수 모형, 머리셈과 필산을 할 수 있었어요.

📋 내가 공부를 잘하게 된다면 어떤 기분이 들지 이야기해 봅시다.

기분이 좋고 내가 자랑스럽다. 학교생활이 즐겁다.

학습목표	문제를 읽고 문제를 이해할 수 있다. 어림한 네 자릿수 뺄셈을 할 수 있다.
내용	나와 환경 바라보기 ↓ 문제 이해하기 ↓ 네 자릿수 뺄셈 이해하기 ↓ 네 자릿수 뺄셈하기 ↓ 함께 이야기해 보기

* 관련 단원: 3학년 2학기 수학 1단원 '(네 자릿수) − (세 자릿수)를 계산할 수 있어요' / 3차시

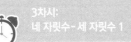

나와 환경 바라보기

다음 물음에 답하면서 오늘의 공부를 시작해 봅시다(모든 질문에 답하지 않아도 됩니다. 답하고 싶은 질문을 골라 답해 보세요).

1. 오늘 나의 기분은 어떤가요? (　　　)

　　① 매우 안 좋다.　　② 안 좋다.　　③ 좋다.　　④ 매우 좋다.

2. 나의 기분을 한마디로 표현하면?

　　――――――――――――――――――――――――――――――

3. 나의 몸 상태는 어떤가요? (　　　)

　　① 매우 안 좋다.　　② 안 좋다.　　③ 좋다.　　④ 매우 좋다.

4. 지금 공부 분위기는 어떤가요?

　• 조용하다. (　　　)

　　① 매우 그렇지 않다.　② 그렇지 않다.　③ 그렇다.　④ 매우 그렇다.

　• 조명이 적당하다. (　　　)

　　① 매우 그렇지 않다.　② 그렇지 않다.　③ 그렇다.　④ 매우 그렇다.

　• 의자와 책상이 편하다. (　　　)

　　① 매우 그렇지 않다.　② 그렇지 않다.　③ 그렇다.　④ 매우 그렇다.

　• 주변 정리가 잘 되어 있다. (　　　)

　　① 매우 그렇지 않다.　② 그렇지 않다.　③ 그렇다.　④ 매우 그렇다.

문제 이해하기

📋 산에 등산로가 2개 있습니다. ㉮ 길은 1,234m이고, ㉯ 길은 875m입니다. ㉮ 길은 ㉯ 길보다 몇 백 m 더 긴지 어림하여 봅시다.

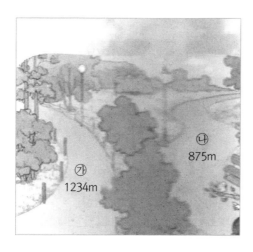

😊 문제를 읽은 다음 읽지 않은 친구에게 설명해 봅시다.

😊 ㉮ 길은 몇 천 m라고 어림할 수 있습니까? (1,200m)

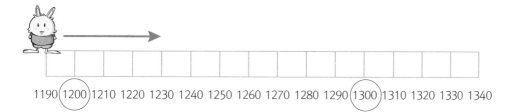

😊 ㉯ 길은 몇 백 m라고 어림할 수 있습니까? (900m)

😊 일직선 위에 1,234는 어디쯤 있을까요? 선 위에 점으로 나타내 보세요.

😊 1234는 1,200과 1,300 중 어디에 가까운가요? (1,200)

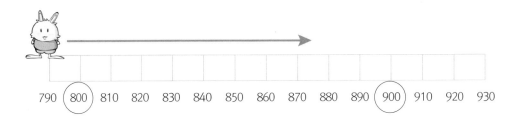

| 790 | 800 | 810 | 820 | 830 | 840 | 850 | 860 | 870 | 880 | 890 | 900 | 910 | 920 | 930 |

☺ 일직선 위에 875는 어디쯤 있을까요? 선 위에 점으로 나타내 보세요.

☺ 875는 800과 900 중 어디에 가까운가요? (900)

☺ ㉯ 길은 몇 백 m라고 어림할 수 있습니까? (900m)

네 자릿수 뺄셈 이해하기

📋 ㉮ 길은 ㉯ 길보다 몇 백 m 더 길다고 어림할 수 있습니까?

875   1234

1200 - 900 = 300

📋 문제를 어떻게 하면 쉽게 빨리 해결할 수 있을까요? 곰곰이 생각해 봅시다.

?

😊 두 길이는 서로 같은가요? 다른가요?

다릅니다.

😊 그러면 서로 두 길이의 차이를 어떻게 알 수 있을까요?

그림으로 비교해 보니까 알 수 있습니다.

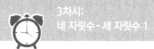

네 자릿수 뺄셈하기

📋 1234와 875의 길이 간의 차이를 알려면 어떻게 할까요? 1234 배기 875를 하면 길이 간의 차이를 구할 수 있습니다. 가로식 뺄셈으로 네 자릿수 뺄셈을 연습해 봅시다.

$$1234 - 875 = \quad 359$$

📋 세로식 뺄셈을 하여 가로식 뺄셈의 답이 맞는지 확인하여 봅시다.

	1	2	3	4
−		8	7	5
		3	5	9

함께 이야기해 보기

📋 오늘 공부는 어땠나요? 언제가 좋았고 언제가 힘들었나요?

머리셈을 더 잘할 수 있게 되었어요.

📋 내가 선생님이라고 생각하고 나에게 칭찬의 말을 해 줍시다. 말을 해 줄 때는 조금 부끄럽더라도 상상력을 이용해서 칭찬합니다.

○○아! 오늘 노력을 많이 했어. 수학 문제가 어려웠지만 잘 견디고 끝까지 해낸 모습이 보기 좋았어. 집중하기 어려울 때 노력하는 것을 보니 선생님이 기쁘구나!

4차시: 네 자릿수 – 세 자릿수 2

학습목표	▪ 네 자릿수와 세 자릿수 뺄셈을 할 수 있다.
	▪ 수 모형, 머리셈, 필산을 할 수 있다.
내용	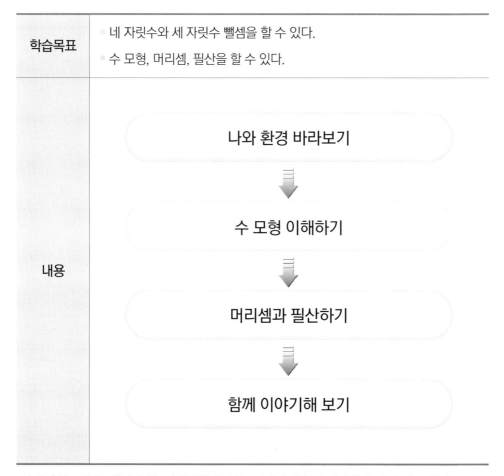

* 관련 단원: 3학년 2학기 수학 1단원 '(네 자릿수) – (세 자릿수)를 계산할 수 있어요' / 4차시

나와 환경 바라보기

다음 물음에 답하면서 오늘의 공부를 시작해 봅시다(모든 질문에 답하지 않아도 됩니다. 답하고 싶은 질문을 골라 답해 보세요).

1. 오늘 나의 기분은 어떤가요? (   )
   ① 매우 안 좋다.　　② 안 좋다.　　③ 좋다.　　④ 매우 좋다.

2. 나의 기분을 한마디로 표현하면?
   _____

3. 나의 몸 상태는 어떤가요? (   )
   ① 매우 안 좋다.　　② 안 좋다.　　③ 좋다.　　④ 매우 좋다.

4. 지금 공부 분위기는 어떤가요?

   • 조용하다. (   )
     ① 매우 그렇지 않다.　② 그렇지 않다.　③ 그렇다.　④ 매우 그렇다.

   • 조명이 적당하다. (   )
     ① 매우 그렇지 않다.　② 그렇지 않다.　③ 그렇다.　④ 매우 그렇다.

   • 의자와 책상이 편하다. (   )
     ① 매우 그렇지 않다.　② 그렇지 않다.　③ 그렇다.　④ 매우 그렇다.

   • 주변 정리가 잘 되어 있다. (   )
     ① 매우 그렇지 않다.　② 그렇지 않다.　③ 그렇다.　④ 매우 그렇다.

📋 1234 − 875를 어떻게 풀어야 할까요? 수 모형을 사용하여 알아봅시다.

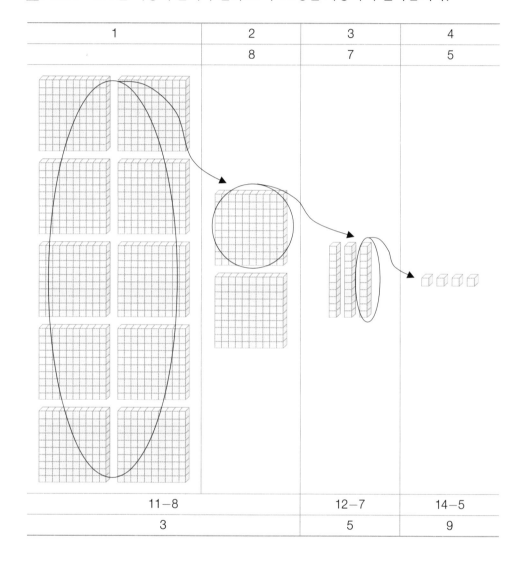

1	2	3	4
	8	7	5
11−8		12−7	14−5
3		5	9

📋 위의 수 모형을 보고 뺄셈을 어떻게 해야 하는지 설명해 보세요.

각 자리에 있는 빼어지는 수(피감수)가 빼야 하는 수(감수)보다 작기 때문에 빼려는 자리보다 한 자리 위에서 10씩 빌려와서 뺄셈을 합니다.

이제, 수 모형을 보고 뺄셈의 답을 찾아보세요.

$$1234 - 875 = 3\mathsf{59}$$

각 자리에서 앞에 있는 숫자(빼어지는 수)가 뒤에 있는 숫자(빼는 수)보다 작다면 빼려는 자리보다 한 자리 위에서 10개를 빌려와 앞에 있는 숫자가 뒤에 있는 숫자보다 크도록 만들어 주어야 합니다. 이것을 다른 말로 '받아내림'이라고 합니다.

Tip 받아내림 개념과 같은 경우 역시 구체적 조작기의 특성 중 '보존 개념'과 관련된 것이다. '동일성', '보상성', '가역성'을 특징으로 한다. '동일성'은 물체에 무엇이 더해지거나 감해지지 않을 때 항상 같다는 개념이다. '보상성'은 한 차원에서의 변화의 손실은 다른 차원의 변화에 의해 상쇄된다는 것을 의미한다. '가역성'은 물체에 일어난 변화를 되돌리면 원래의 상태가 된다는 것을 말한다.

3421 − 684는 얼마라고 생각합니까? 수 모형을 보고 다음의 빈칸을 완성하고 답을 구해 봅시다.

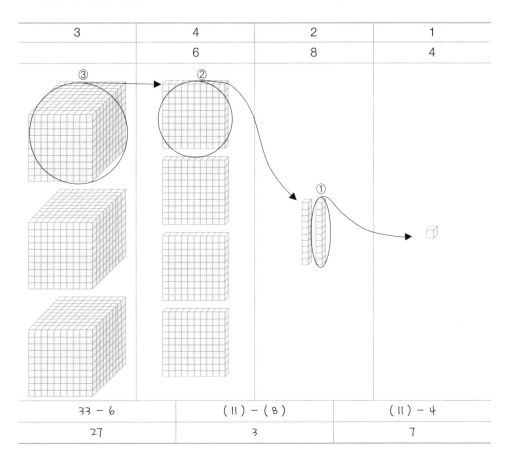

3	4	2	1
6	8	4	

33 − 6	(11) − (8)	(11) − 4
27	3	7

📝 6172 − 985는 얼마라고 생각합니까? 수 모형을 사용하여 알아봅시다.

6	1	7	2
	9	8	5
60-9		16-8	12-5
51		8	7

📝 이제, 수 모형을 보고 뺄셈의 답을 찾아보세요.

$$6172 - 985 = 5187$$

📝 수 모형 그림을 사용할 때 좋은 점과 나쁜 점을 이야기해 봅시다.

좋은 점: 계산하기 쉽다.

나쁜 점: 수 모형이 없으면 계산이 어려울 것 같다.

머리셈과 필산하기

📋 머리셈으로 문제를 계산하여 봅시다.

$$2473 - 856 = 1617$$

📋 어떻게 답을 구하게 되었는지 자기가 알고 있는 대로 이야기해 봅시다.

받아내림을 해서 빼 주었습니다.

📋 필산으로 계산하여 봅시다.

	2	4	7	3
−		8	5	6
	1	6	1	7

📋 다음을 머리셈으로 계산해 보세요.

$$6352 - 783 = 5569 \qquad 6172 - 985 = 5187$$

📋 다음을 필산으로 계산해 보세요.

	4	2	3	5
−		6	4	9
	3	5	8	6

	5	0	4	0
−		1	6	8
	4	8	7	2

함께 이야기해 보기

📋 오늘 공부는 어땠나요? 언제가 좋았고 언제가 힘들었나요?

네 자릿수 뺄셈을 더 잘할 수 있게 되었어요.

_____

_____

_____

_____

_____

📋 내가 선생님이라고 생각하고 나에게 칭찬의 말을 해 줍시다. 말을 해 줄 때는 조금 부끄럽더라도 상상력을 이용해서 칭찬합니다.

○○아! 오늘 노력을 많이 했어. 수학 문제가 어려웠지만 잘 견디고 끝까지 해낸 모습이 보기 좋았어. 집중하기 어려울 때 노력하는 것을 보니 선생님이 기쁘구나! ^^

5차시: 세 수의 덧셈과 뺄셈 1

학습목표	▪ 문제를 읽고 문제를 이해할 수 있다. ▪ 어림한 네 자릿수 덧셈을 암산할 수 있다.
내용	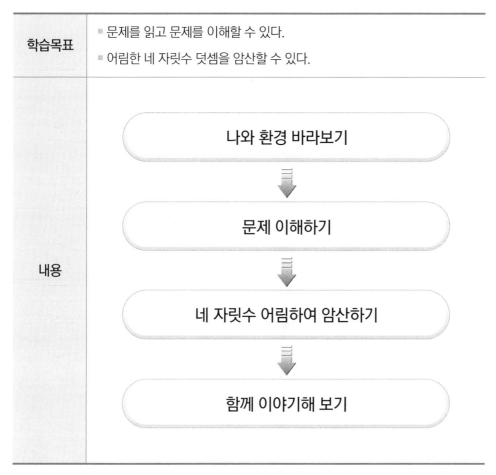

* 관련 단원: 3학년 2학기 수학 1단원 '세 수의 덧셈과 뺄셈을 할 수 있어요' / 5차시

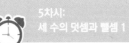 **5차시:**
세 수의 덧셈과 뺄셈 1

나와 환경 바라보기

다음 물음에 답하면서 오늘의 공부를 시작해 봅시다(모든 질문에 답하지 않아도 됩니다. 답하고 싶은 질문을 골라 답해 보세요).

1. 오늘 나의 기분은 어떤가요? (   )

   ① 매우 안 좋다.   ② 안 좋다.   ③ 좋다.   ④ 매우 좋다.

2. 나의 기분을 한마디로 표현하면?

   _____

3. 나의 몸 상태는 어떤가요? (   )

   ① 매우 안 좋다.   ② 안 좋다.   ③ 좋다.   ④ 매우 좋다.

4. 지금 공부 분위기는 어떤가요?

   • 조용하다. (   )
     ① 매우 그렇지 않다. ② 그렇지 않다. ③ 그렇다. ④ 매우 그렇다.

   • 조명이 적당하다. (   )
     ① 매우 그렇지 않다. ② 그렇지 않다. ③ 그렇다. ④ 매우 그렇다.

   • 의자와 책상이 편하다. (   )
     ① 매우 그렇지 않다. ② 그렇지 않다. ③ 그렇다. ④ 매우 그렇다.

   • 주변 정리가 잘 되어 있다. (   )
     ① 매우 그렇지 않다. ② 그렇지 않다. ③ 그렇다. ④ 매우 그렇다.

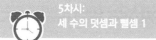

문제 이해하기

📋 시연이는 용돈을 모아 저축을 했습니다. 통장에 남아 있는 돈은 모두 몇 천 몇 백 원인지 어림하여 봅시다.

거래하신 내용(예금 및 대출)

차례	날 짜	내 용	찾으신 금액	맡기신 금액	남은 금액	처리점
	계좌번호 123-123456-789					
	9월 1일	찾은 돈	1,000		3,879	
	9월 15일	이자		178		
	10월 9일	용돈		5,785		

😊 위의 문제를 읽고, 스스로 선생님이라 생각하고 친구에게 설명해 봅시다. 문제에 서는 무엇을 구하고자 하나요?

현재 통장에 남아 있는 돈이 얼마인지 알고 싶다.

😊 실제 통장을 본 적이 있나요? 위 그림 속의 통장을 보면 무엇을 알 수 있는지 이 야기해 봅시다.

Tip 지금은 문제를 이해하는 단계이므로, 학생이 문제를 설명할 때 답을 구하려고 하지 않도록 지도 한다. 지금 문제를 한 번 읽고 바로 푸는 것이 아니라, 문제에서 무엇을 구하고자 하는지 함께 이 해해 보자는 의도를 정확히 전달한다.

네 자릿수 어림하여 암산하기

📋 앞의 문제에서 구하고자 하는 답을 얻기 위해 한 단계씩 함께 풀어 봅시다.

☺ 9월 1일에 남은 금액 3,879원은 몇 천 몇 백 원이라고 어림할 수 있습니까?

- 다음의 그림을 보면서 3,879원이 몇 천 몇 백 원인지 어림해 봅시다.

3800 ⸺⸺⸺⸺⸺⸺⸺⸺⟐⸺⸺ 3900

- 일직선 위에 3879는 어디쯤 있을까요? 선 위에 점으로 나타내 보세요.
- 3879는 3800과 3900 중 어느 쪽에 더 가깝나요? (3900)
- 3879는 몇 천 몇 백 원으로 어림할 수 있나요? (3900원)

☺ 9월 15일의 이자는 몇 백 원이라고 어림할 수 있습니까?

- 9월 15일의 이자는 얼마인가요? (178원)
- 9월 15일의 이자는 100원과 200원 중 어느 쪽에 더 가깝나요? 일직선에 점으로 나타내 보세요.

100 ⸺⸺⸺⸺⸺⸺⸺⸺⟐⸺⸺ 200

- 9월 15일의 이자는 몇 백 원이라고 어림할 수 있나요? (200원)

☺ 10월 9일에 맡긴 금액은 몇 천 몇 백 원이라고 어림할 수 있습니까?

- 10월 9일에 맡긴 금액은 얼마인가요? (5,785원)
- 10월 9일에 맡긴 금액은 5,700원과 5,800원 중 어느 쪽에 더 가깝나요? 일직선에 점으로 나타내 보세요.

5700 ⸺⸺⸺⸺⸺⸺⸺⸺⟐⸺⸺ 5800

- 10월 9일에 맡긴 금액은 몇 천 몇 백 원이라고 어림할 수 있나요? (5,800원)

☺ 10월 9일에 남은 금액은 몇 천 몇 백 원이라고 어림할 수 있습니까?

• 다시 한 번 통장을 살펴보며, 어떻게 하면 10월 9일에 남은 금액을 구할 수 있을 지 계획을 세워 봅시다.

거래하신 내용(예금 및 대출)

차례	날 짜	내 용	찾으신 금액	맡기신 금액	남은 금액	처리점
	계좌번호 123−123456−789					
	9월 1일	찾은 돈	1000		3879	
	9월 15일	이자		178		
	10월 9일	용돈		5785		

9월 1일에 남아 있던 금액 (3,879원)에
9월 15일에 생긴 이자 (178원)를 더하고
10월 9일에 맡긴 용돈 (5,785원)을 또 더하면 되겠다.

• 1, 2, 3번 문제에서 어림한 수를 이용하여 10월 9일에 남은 금액을 구해 보세요.

9월 1일에 남아 있던 금액을 어림한 (3,900원)에

9월 15일에 생긴 이자를 어림한 (200원)을 더하면?

(4,100원)입니다.

이 금액에

10월 9일에 맡긴 용돈을 어림한 (5,800원)을 더하면,

10월 9일에 남은 금액은 모두 (9,900원)으로 어림할 수 있습니다.

따라서 정답은 (9,900원)입니다.

함께 이야기해 보기

📋 오늘 공부는 어땠나요? 언제가 좋았고 언제가 힘들었나요?

머리셈을 더 잘할 수 있게 되었어요. 머리셈을 할 경우 시간이 많이 걸려요.

📋 내가 선생님이라고 생각하고 나에게 칭찬의 말을 해 줍시다. 말을 해 줄 때는 조금 부끄럽더라도 상상력을 이용해서 칭찬합니다.

○○아! 오늘 노력을 많이 했어. 수학 문제가 어려웠지만 잘 견디고 끝까지 해낸 모습이 보기 좋았어. 집중하기 어려울 때 노력하는 것을 보니 선생님이 기쁘구나! ^^

6차시: 세 수의 덧셈과 뺄셈 2

학습목표	■ 네 자릿수 범위에서 세 수의 덧셈과 뺄셈, 혼합 계산을 할 수 있다. ■ 문제를 읽고 네 자릿수 범위에서 세 수의 덧셈과 뺄셈, 혼합 계산 식을 세우고 풀 수 있다.
내용	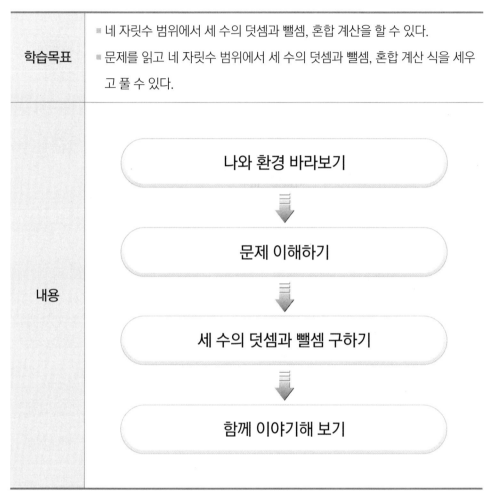

* 관련 단원: 3학년 2학기 수학 1단원 '세 수의 덧셈과 뺄셈을 할 수 있어요' / 6차시

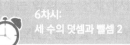

나와 환경 바라보기

다음 물음에 답하면서 오늘의 공부를 시작해 봅시다(모든 질문에 답하지 않아도 됩니다. 답하고 싶은 질문을 골라 답해 보세요).

1. 오늘 나의 기분은 어떤가요? (   )
   ① 매우 안 좋다.　　② 안 좋다.　　③ 좋다.　　④ 매우 좋다.

2. 나의 기분을 한마디로 표현하면?

   _____

3. 나의 몸 상태는 어떤가요? (   )
   ① 매우 안 좋다.　　② 안 좋다.　　③ 좋다.　　④ 매우 좋다.

4. 지금 공부 분위기는 어떤가요?

   • 조용하다. (   )
   ① 매우 그렇지 않다.　② 그렇지 않다.　③ 그렇다.　④ 매우 그렇다.

   • 조명이 적당하다. (   )
   ① 매우 그렇지 않다.　② 그렇지 않다.　③ 그렇다.　④ 매우 그렇다.

   • 의자와 책상이 편하다. (   )
   ① 매우 그렇지 않다.　② 그렇지 않다.　③ 그렇다.　④ 매우 그렇다.

   • 주변 정리가 잘 되어 있다. (   )
   ① 매우 그렇지 않다.　② 그렇지 않다.　③ 그렇다.　④ 매우 그렇다.

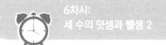

문제 이해하기

📋 3879+178+5785를 어떻게 계산하는지 알아봅시다.

😊 879+78+785를 계산해 봅시다.

$$
\begin{array}{r}
879 \\
78 \\
+785 \\
\hline
\boxed{1742}
\end{array}
\qquad
\begin{array}{r}
879 \\
+78 \\
\hline
\boxed{957}
\end{array}
\qquad
\begin{array}{r}
\boxed{957} \\
+785 \\
\hline
\boxed{1742}
\end{array}
$$

😊 3879+178+5785를 머리셈과 필산으로 계산해 봅시다.

$$
\begin{array}{r}
3879 \\
178 \\
+5785 \\
\hline
\boxed{9842}
\end{array}
\qquad
\begin{array}{r}
3879 \\
+178 \\
\hline
\boxed{4057}
\end{array}
\qquad
\begin{array}{r}
\boxed{4057} \\
+5785 \\
\hline
\boxed{9842}
\end{array}
$$

😊 수 모형으로 결과를 확인해 봅시다.

3	8	7	9
+	1	7	8

3	8+1	7+7	9+8
3	9	14	17
4	0	5	7

😊 복잡한 계산을 머리셈과 필산으로 했을 때와 수 모형으로 했을 때 어떤 마음이

들었나요?

수 모형으로 하는 것이 더 잘 알아볼 수 있다.

Tip 이전에 학습한 내용을 확인하고 머리셈과 필산, 수 모형을 통해 스스로 네 수의 덧셈을 할 수 있다
는 자신감을 길러 주는 것이 중요하다.

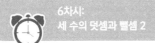

세 수의 덧셈과 뺄셈 구하기

📋 형식이의 통장에는 2,387원이 있었습니다. 어제 1,250원을 찾고, 오늘 3,649원을 저금했다면 통장에 있는 돈은 모두 얼마입니까?

😊 아래 빈칸에 형식이의 거래 내용을 적어 봅시다.

거래하신 내용(예금 및 대출)

차례	날 짜	내 용	찾으신 금액	맡기신 금액	남은 금액	처리점
	계좌번호 123-123456-789					
	원래				2,387	
	어제	찾은 돈	1,250			
	오늘	저금		3,649		

😊 형식이의 통장 거래 내용을 수식을 통해 나타내 봅시다.

$$2387$$
$$-1250$$
$$+3649$$

😊 위에 나타낸 수식을 계산해 봅시다.

4786

😊 복잡한 계산을 수식으로 만들고 이를 계산해 보니 어떤 마음이 드나요?

복잡하고 어렵게 느껴진다. 하나하나 푸는 것이 재미있다.

함께 이야기해 보기

오늘 공부는 어땠나요? 언제가 좋았고 언제가 힘들었나요?

수식을 세우는 게 힘들었지만 수 모형으로 계산하는 건 재미있었어요.

내가 선생님이라고 생각하고 나에게 칭찬의 말을 해 줍시다. 말을 해 줄 때는 조금 부끄럽더라도 상상력을 이용해서 칭찬합니다.

○○아! 오늘 노력을 많이 했어. 복잡한 계산을 여러 번 해야 해서 짜증이 났지만 끝까지 풀어서 답을 확인하니 기분 좋았어. 대견하다.

영역3

쓰기

1차시: 문단을 나누어 써요

학습목표	▪ 글의 내용을 파악할 수 있고, 자신의 생각과 느낌을 자유롭게 표현할 수 있다. ▪ 중심문장과 뒷받침문장을 사용하여 글을 쓸 수 있다. ▪ 글의 내용에 따라 문단을 구분할 수 있다.
내용	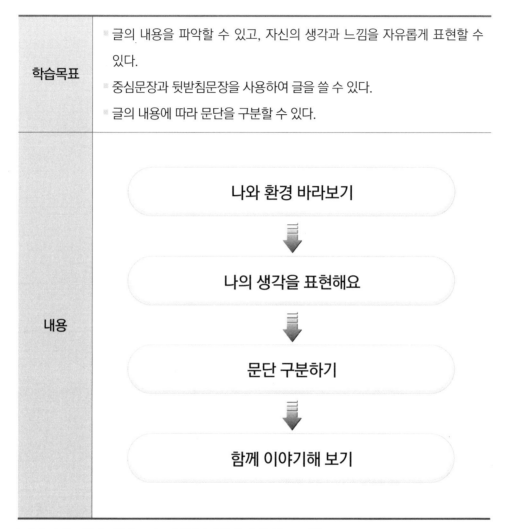

나와 환경 바라보기

나의 생각을 표현해요

문단 구분하기

함께 이야기해 보기

* 관련 단원: 3학년 2학기 쓰기 2단원 '이렇게 하면 돼요' / 136쪽

나와 환경 바라보기

다음 물음에 답하면서 오늘의 공부를 시작해 봅시다(모든 질문에 답하지 않아도 됩니다. 답하고 싶은 질문을 골라 답해 보세요).

1. 오늘 나의 기분은 어떤가요? (　　　)

　① 매우 안 좋다.　　② 안 좋다.　　③ 좋다.　　④ 매우 좋다.

2. 나의 기분을 한마디로 표현하면?

_____

3. 나의 몸 상태는 어떤가요? (　　　)

　① 매우 안 좋다.　　② 안 좋다.　　③ 좋다.　　④ 매우 좋다.

4. 지금 공부 분위기는 어떤가요?

• 조용하다. (　　　)

　① 매우 그렇지 않다.　② 그렇지 않다.　③ 그렇다.　④ 매우 그렇다.

• 조명이 적당하다. (　　　)

　① 매우 그렇지 않다.　② 그렇지 않다.　③ 그렇다.　④ 매우 그렇다.

• 의자와 책상이 편하다. (　　　)

　① 매우 그렇지 않다.　② 그렇지 않다.　③ 그렇다.　④ 매우 그렇다.

• 주변 정리가 잘 되어 있다. (　　　)

　① 매우 그렇지 않다.　② 그렇지 않다.　③ 그렇다.　④ 매우 그렇다.

나의 생각을 표현해요

다음은 '내가 좋아하는 것'에 대하여 가인이가 쓴 글입니다. 글을 읽고 물음에 답하여 봅시다.

> 내가 좋아하는 음식은 불고기와 비빔밥입니다. 불고기는 고기에 양념을 넣어 달콤하고 맛있습니다. 비빔밥은 여러 종류의 나물을 한꺼번에 먹을 수 있어서 좋습니다.
>
> 내가 좋아하는 동물은 진돗개입니다. 진돗개는 성격이 온순하고 머리도 영리하여 좋아하게 되었습니다.

☺ 가인이가 좋아하는 것은 무엇인가요?

음식	동물
불고기, 비빔밥	진돗개

☺ 내가 좋아하는 것은 어떤 것인지 선생님이나 친구에게 이야기해 봅시다.

나는 친구를 좋아합니다. 같이 놀 때 재미있기 때문입니다.

> **Tip** 학생이 자신이 좋아하는 것에 대하여 이야기를 할 때, 학생의 이야기를 비판 없이 존중해 주고 지지해 준다. 이는 학생이 자신의 생각이나 느낌을 자유롭고 창의적으로 이야기할 수 있도록 촉진한다. 풍부한 자기 표현은 '쓰기' 활동에서 매우 중요하다. 자유 연상을 통해 발현된 생각이나 느낌, 에피소드 등은 좋은 소재가 될 수 있기 때문이다.
> 따라서 교사는 학생의 이야기에 대해 적절하게 방향을 잡아 주되, 그 내용을 판단하지 말고 공감할 수 있는 부분을 찾아서 학생이 편안한 마음으로 자신의 생각을 이야기할 수 있도록 돕는다.

☻ 다음의 문장을 완성해 봅시다.

　내가 좋아하는 음식은 (　　　라면　　　)입니다.
　내가 좋아하는 사람은 (　　　엄마　　　)입니다.
　내가 좋아하는 게임은 (　　　애니팡　　　)입니다.

☻ '뒷받침문장'이란 중심문장을 뒷받침하여 자신이 전하고자 하는 뜻을 분명하고
효과적으로 전달할 수 있도록 돕는 문장입니다. 다음의 두 글을 읽고 어떤 차이
가 있는지 간단히 써 봅시다.

	선생님은 ○○을 좋아해.
선생님은 ○○을 좋아해.	공부하는 게 쉽지 않았을 텐데 잘 견디는 네가 든든해. 그리고 시간을 잘 지키려고 노력해 줘서 고마워. 그래서 선생님은 ○○과 같이 공부하는 시간이 좋고, ○○이 좋아.

좋아하는 이유를 설명해 주니까 정말로 좋아한다는 것을 알 수 있다.

좋아한다는 말이 믿어진다.

☻ 위에 나온 중심문장을 사용하여 뒷받침문장과 함께 글을 완성해 보세요.

나는 라면을 좋아합니다. 라면은 일단 끓이기가 쉽고, 쫄깃쫄깃한 면발이 맛있으며,
국물도 얼큰하기 때문입니다. 저는 얼큰한 국물과 면을 좋아합니다.

> Tip
>
> 말을 할 때 뒷받침문장을 사용해서 자세히 이야기하면 학생이 자기 생각이나 느낌을 다른 사람에게 더 잘 전달할 수 있다는 것을 느껴 보는 활동이다. 글을 쓰거나 이야기를 할 때 자세하게 할수록, 듣는 사람이 화자의 생각과 느낌을 더 잘 이해하게 된다. 이것을 체험해 보면 뒷받침문장의 중요성을 알게 된다.
> 따라서 교사는 학생이 뒷받침문장을 사용할 때, "자세히 이야기해 주니 OO의 마음이 더 잘 이해가 된다." 또는 "OO 생각을 알게 되니까 너와 좀 더 친해진 느낌이야." 등의 피드백을 준다.

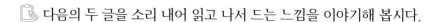
문단 구분하기

📋 다음의 두 글을 소리 내어 읽고 나서 드는 느낌을 이야기해 봅시다.

〈문단이 하나인 글〉

　나는 읽기를 좋아해요. 재미있는 이야기가 많이 나오기 때문이에요. 나는 수학을 좋아해요. 문제를 내 힘으로 풀고 나면 마음이 뿌듯해요.

〈문단이 두 개인 글〉

　나는 읽기를 좋아해요. 재미있는 이야기가 많이 나오기 때문이에요.

　나는 수학을 좋아해요. 문제를 내 힘으로 풀고 나면 마음이 뿌듯해요.

문단이 바뀌니까 한 번 쉬어가는 느낌이 든다.

쉬어가니까 다른 내용을 알 수 있다.

　문단의 내용이 달라질 때 줄을 바꾸어 한 글자 들여쓰기로 새 문단을 시작합니다.

📋 문단 나누기를 했을 때 좋은 점을 생각하여 이야기해 봅시다.

서로 다른 내용을 말할 때는 문단 나누기를 해야 한다는 것을 알 수 있습니다.

📋 오늘 공부는 어땠나요? 언제가 좋았고 언제가 힘들었나요?

내가 좋아하는 것을 잘 쓸 수 있게 되었어요.

문단 나누기에 대해 알 수 있게 되었어요.

📋 내가 선생님이라고 생각하고 나에게 칭찬의 말을 해 줍시다. 말을 해 줄 때는 조금 부끄럽더라도 상상력을 이용해서 칭찬합니다.

○○아! 이야기를 읽으면서 네가 좋아하는 것을 재미있게 이야기하려는 모습이 보기 좋았어. 그런 노력을 하는 ○○을 보니 선생님이 기쁘구나! ^^

2차시: 문단의 짜임에 맞게 써요

학습목표	▪ 문단의 짜임에 맞지 않는 글을 바르게 수정할 수 있다. ▪ 문단의 짜임에 맞는 글을 쓰는 방법을 정리할 수 있다.
내용	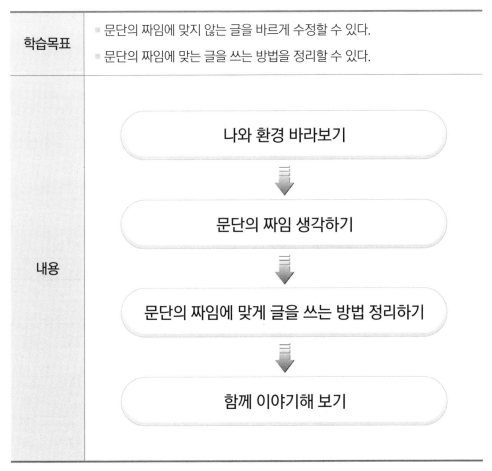

* 관련 단원: 3학년 2학기 쓰기 2단원 '이렇게 하면 돼요' / 137쪽

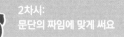

나와 환경 바라보기

📋 다음 물음에 답하면서 오늘의 공부를 시작해 봅시다(모든 질문에 답하지 않아도 됩니다. 답하고 싶은 질문을 골라 답해 보세요).

1. 오늘 나의 기분은 어떤가요? (   )

   ① 매우 안 좋다.   ② 안 좋다.   ③ 좋다.   ④ 매우 좋다.

2. 나의 기분을 한마디로 표현하면?

   _____

3. 나의 몸 상태는 어떤가요? (   )

   ① 매우 안 좋다.   ② 안 좋다.   ③ 좋다.   ④ 매우 좋다.

4. 지금 공부 분위기는 어떤가요?

   • 조용하다. (   )

     ① 매우 그렇지 않다.   ② 그렇지 않다.   ③ 그렇다.   ④ 매우 그렇다.

   • 조명이 적당하다. (   )

     ① 매우 그렇지 않다.   ② 그렇지 않다.   ③ 그렇다.   ④ 매우 그렇다.

   • 의자와 책상이 편하다. (   )

     ① 매우 그렇지 않다.   ② 그렇지 않다.   ③ 그렇다.   ④ 매우 그렇다.

   • 주변 정리가 잘 되어 있다. (   )

     ① 매우 그렇지 않다.   ② 그렇지 않다.   ③ 그렇다.   ④ 매우 그렇다.

문단의 짜임 생각하기

다음은 '내가 좋아하는 것'에 대하여 현서가 쓴 글입니다. 문단의 짜임을 생각하며 글을 읽고 물음에 답하여 봅시다.

내가 좋아하는 것

내가 좋아하는 음식은 떡과 김밥입니다. 떡은 쫄깃쫄깃하고 간편하게 먹을 수 있어서 좋습니다. 내가 좋아하는 동물은 고양이입니다. 어릴 때부터 키웠는데, 노는 모습이 귀여워 좋아하게 되었습니다.

윗글을 읽으면서 어색하게 느낀 점이 있나요? 어떤 점 때문일까요?

떡과 김밥 이야기를 하다가 갑자기 고양이 이야기를 해서 이상하다.

이 글을 문단의 짜임에 맞게 둘로 나눈다면 어디에서 나눌 수 있나요?

내가 좋아하는 동물은 고양이입니다.

☺ 뒷받침문장이 필요한 부분을 찾아 알맞은 뒷받침문장을 써 봅시다.

　● 뒷받침문장이 필요한 부분: 김밥에 대한 설명이 필요하다.

　● 뒷받침문장 적어 보기: 소풍 가서 맛있게 먹을 수 있어서 김밥을 좋아하게 되었습니다.

☺ 문단을 나누고 뒷받침문장을 넣어 글을 다시 정리해 봅시다.

내가 좋아하는 것

　　내가 좋아하는 음식은 떡과 김밥입니다. 떡은 쫄깃쫄깃하고 간편하게 먹을 수 있어서 좋습니다. 소풍 가서 맛있게 먹을 수 있어서 김밥을 좋아하게 되었습니다.

　　내가 좋아하는 동물은 고양이입니다. 어릴 때부터 키웠는데, 노는 모습이 귀여워 좋아하게 되었습니다.

☺ 글을 다시 정리하고 읽어 봅시다. 앞의 글에 비해서 어떤가요?

　잘 정돈되어 있어서 눈에 잘 들어온다.

Tip 문단의 짜임이 어색한 글을 읽으면 자연스럽지 않다는 것을 알게 한다. 이를 고치는 과정을 통해 다시 정돈하면 훨씬 읽기 편해진다는 점을 알도록 한다.

문단의 짜임에 맞게 글을 쓰는 방법 정리하기

📝 문단의 짜임에 맞는 글을 쓰기 위해 해야 할 점이 무엇인지 적어 봅시다.

한 문단에는 하나의 중심생각이 있어야 합니다.

뒷받침문장은 중심문장과 관련 있는 내용을 씁니다.

새로운 이야기가 시작될 때에는 문단을 둘로 나눠 줘야 합니다.

글의 주제와 관련 있는 내용만 씁니다.

📝 문단의 짜임에 맞게 글을 쓰는 방법을 정리해 보았습니다. 이렇게 정리해 보니 어떤가요?

지켜야 할 점을 알고는 있는데 막상 글을 쓰려면 어려운 것 같다.

짜임에 맞는 글을 잘 쓰려면 누가 도와주면 좋을 것 같다.

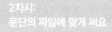

오늘 나는 공부하면서 어떤 감정을 느꼈나요? 집중이 안 되거나 공부하고 난 다음에도 내용이 잘 기억나지 않았나요? 아니면 무엇을 배웠는지 잘 기억할 수 있나요? 솔직하게 자신에 대해 적어 봅시다.

중간중간 다른 생각이 많이 들었는데 마지막 부분에 집중을 했더니 배운 내용은 잘 기억나는 것 같다.

오늘은 배운 내용이 잘 기억날 것 같아서 기분이 좋다.

3차시: 문단의 중심문장을 찾아요

학습목표	▪ 문단의 뜻이 잘 드러나게 문장을 쓸 수 있다.
	▪ 문단을 대표하는 중심문장을 쓸 수 있다.
내용	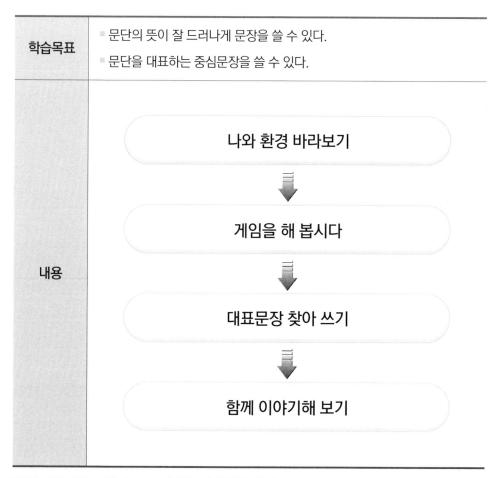

* 관련 단원: 3학년 2학기 쓰기 2단원 '이렇게 하면 돼요' / 138쪽

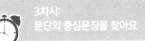

나와 환경 바라보기

📋 다음 물음에 답하면서 오늘의 공부를 시작해 봅시다(모든 질문에 답하지 않아도 됩니다. 답하고 싶은 질문을 골라 답해 보세요).

1. 오늘 나의 기분은 어떤가요? (　　　)

　　① 매우 안 좋다.　　② 안 좋다.　　③ 좋다.　　④ 매우 좋다.

2. 나의 기분을 한마디로 표현하면?

_____

3. 나의 몸 상태는 어떤가요? (　　　)

　　① 매우 안 좋다.　　② 안 좋다.　　③ 좋다.　　④ 매우 좋다.

4. 지금 공부 분위기는 어떤가요?

　• 조용하다. (　　　)

　　① 매우 그렇지 않다.　② 그렇지 않다.　③ 그렇다.　④ 매우 그렇다.

　• 조명이 적당하다. (　　　)

　　① 매우 그렇지 않다.　② 그렇지 않다.　③ 그렇다.　④ 매우 그렇다.

　• 의자와 책상이 편하다. (　　　)

　　① 매우 그렇지 않다.　② 그렇지 않다.　③ 그렇다.　④ 매우 그렇다.

　• 주변 정리가 잘 되어 있다. (　　　)

　　① 매우 그렇지 않다.　② 그렇지 않다.　③ 그렇다.　④ 매우 그렇다.

3차시:
문단의 중심문장을 찾아요

게임을 해 봅시다

 다음 단어와 뜻을 소리 내어 읽어 보세요.

- 영양분: 먹었을 때 몸을 건강하게 해 주는 성분
- 성장: 사람이 자라서 몸무게와 키가 점점 커지는 것
- 균형: 한쪽으로 기울어지지 않고 고른 상태
- 면역력: 몸에 나쁜 균이 들어와 병이 들려고 할 때 싸우는 능력

 뜻을 잘 모르는 내용이 있으면 선생님과 함께 이야기해 봅시다.

> **Tip**
>
> 학습문제를 겪는 아이들이 가장 크게 어려움을 겪는 부분은 모를 때 모른다고 이야기하는 것이다. 특히 단어의 의미를 모를 때 사전의 도움을 받아 이해하는 것이 필요한 활동임에도 연습이 되지 않거나 왜 해야 하는지 이해하지 못해서 몰라도 그냥 넘어가는 경우가 많다. 이렇듯 사소해 보이는 부분에서 학습결손이 일어나고 누적된다는 점을 감안한다면 학생이 잘 모르는 것에 대해서 덜 긴장하고 이야기할 수 있도록 편안한 분위기를 조성하는 것이 중요하다.
>
> 교사 입장에서는 세세한 부분까지 안내해 주어야 할 때 마음이 조급해지고 감정적으로 흥분하기 쉬운 것도 사실이다. 그러한 감정 역시도 자연스러운 감정이다. 몰라도 물어보지 못하는 아이의 마음, 아이가 생각만큼 잘 따라 주지 않을 때의 교사의 마음은 그 자체로 자연스러운 반응이다. 따라서 억압하기보다는 "아, 내가 마음이 조급해지고 있구나." 하고 그 마음을 그대로 알아주는 것이 더 효과적인 방법이다.

☺ 이제 앞의 네 단어의 뜻을 외워 봅시다. 1분 동안 외운 후에 아래 빈칸에 알맞은 의미를 넣어 봅시다(위에 나온 단어의 뜻을 가리고 기억하여 써 봅니다).

단 어	뜻
성 장	사람이 자라서 몸무게와 키가 점점 커지는 것
균 형	한쪽으로 기울어지지 않고 고른 상태
영양분	먹었을 때 몸을 건강하게 해 주는 성분
면역력	몸에 나쁜 균이 들어와 병이 들려고 할 때 싸우는 능력

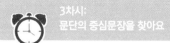
대표문장 찾아 쓰기

📋 대표문장을 찾아봅시다.

😊 처음부터 끝까지 읽어 본 후에 대표하는 문장을 찾아봅시다.

😊 모르는 경우에는 선생님께 질문해 봅시다.

> • 내가 좋아하는 여름 과일은 수박입니다.
> • 나는 과일을 좋아하고 잘 먹습니다.
> • 내가 참외를 좋아하는 이유는 단맛이 나기 때문입니다.
> • 나는 귤의 시고 단맛을 좋아합니다.

대표문장: 나는 과일을 좋아하고 잘 먹습니다.

> 대표문장이란 모든 내용을 한마디로 줄였을 때 쓸 수 있는 문장을 말합니다. 대표문장을 읽어 보면 다른 내용을 읽어 보지 않아도 그 내용을 쉽게 알 수 있도록 도움을 주는 문장입니다. 긴 글을 읽을 때는 이러한 문장이 무엇인지 생각하며 읽은 다음 한 문장으로 써 보면 도움이 됩니다.

📋 다음 내용을 읽고 대표문장을 생각하여 써 봅시다.

> • 나는 생선 반찬에 밥 먹는 걸 좋아합니다.
> • 나는 매콤한 떡볶이를 좋아합니다.
> • 엄마가 끓여 주시는 라면은 참 맛있습니다.

대표문장: 나는 음식(먹는 것)을 좋아합니다.

다음 글을 읽고 문단의 내용을 대표하는 중심문장을 써 봅시다.

> 우리 몸이 성장하기 위해서는 다양한 영양분이 필요합니다.
> 자기가 좋아하는 음식만 먹으면 몸에 필요한 영양분을 충분히 얻지 못하여 균형 있는 성장을 하지 못하게 됩니다.
> 또, 면역력이 떨어져 병에 걸릴 수 있어 건강에도 좋지 않습니다.

중심문장: 우리 몸이 성장하기 위해서는 다양한 영양분이 필요합니다.

밑줄 친 단어의 뜻을 기억나는 대로 써 봅시다.

단 어	뜻
성 장	사람이 자라서 몸무게와 키가 점점 커지는 것
균 형	한쪽으로 기울어지지 않고 고른 상태
영양분	먹었을 때 몸을 건강하게 해 주는 성분
면역력	몸에 나쁜 균이 들어와 병이 들려고 할 때 싸우는 능력

내가 좋아하는 음식만 먹으면 어떤 문제가 생길까요?

균형 있는 성장을 하지 못하고, 병에 걸릴 수 있습니다.

윗글의 중심문장은 무엇일까요? 빈칸에 알맞은 문장을 써 봅시다.

건강을 위해서 골고루 음식을 먹어야 합니다.

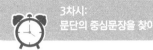

문단의 중심문장을 찾아요

함께 이야기해 보기

오늘 나는 공부하면서 얼마나 열심히 했나요? 거울로 나를 관찰하듯이 공부하는 내 모습을 떠올려 봅시다.

단어 외우기를 잘했을 때 기분이 좋았다.

대표문장 찾기 할 때 어려웠다.

잘 모를 때 선생님이 기다려 주어서 좋았다.

모르는 것이 있을 때 마음이 급해졌다.

Tip 학습과정에서 문제를 발견하고 수정할 때 가장 좋은 방법은 평가를 배제하고 거울에 비치듯이 묘사하는 것이다. '잘했어.' '잘 못했어.' 등과 같은 평가적 피드백은 듣는 학생으로 하여금 위축되거나 눈치를 보게 하는 반응을 보일 수 있다. 이런 경우 거울로 얼굴을 비춰 주고 생김새를 묘사하듯이 학생 스스로가 지난 시간 동안의 자기 학습을 돌아볼 수 있는 기회를 제공하는 것이 더 효과적이다. 특히 감정적인 변화가 어떠했는지를 묘사하는 과정에서 학생이 느끼는 어려움이 무엇인지를 선명하게 볼 수 있다.

학습목표	■ 문단 안에서 중심문장을 찾을 수 있다.
	■ 문단의 내용에 어울리는 뒷받침문장을 쓸 수 있다.
내용	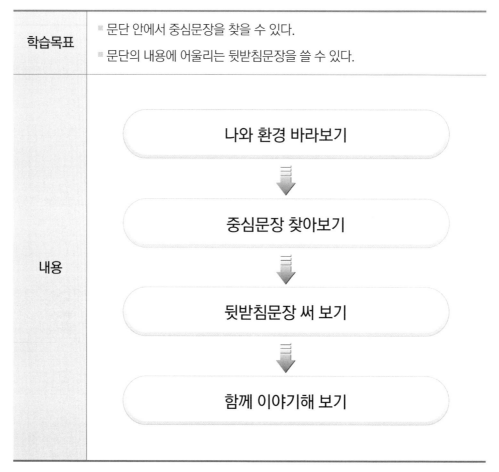

* 관련 단원: 3학년 2학기 쓰기 2단원 '이렇게 하면 돼요' / 139쪽

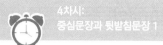

나와 환경 바라보기

📋 다음 물음에 답하면서 오늘의 공부를 시작해 봅시다(모든 질문에 답하지 않아도 됩니다. 답하고 싶은 질문을 골라 답해 보세요).

1. 오늘 나의 기분은 어떤가요? (   )
   ① 매우 안 좋다.   ② 안 좋다.   ③ 좋다.   ④ 매우 좋다.

2. 나의 기분을 한마디로 표현하면?

   _____

3. 나의 몸 상태는 어떤가요? (   )
   ① 매우 안 좋다.   ② 안 좋다.   ③ 좋다.   ④ 매우 좋다.

4. 지금 공부 분위기는 어떤가요?

   • 조용하다. (   )
     ① 매우 그렇지 않다.   ② 그렇지 않다.   ③ 그렇다.   ④ 매우 그렇다.

   • 조명이 적당하다. (   )
     ① 매우 그렇지 않다.   ② 그렇지 않다.   ③ 그렇다.   ④ 매우 그렇다.

   • 의자와 책상이 편하다. (   )
     ① 매우 그렇지 않다.   ② 그렇지 않다.   ③ 그렇다.   ④ 매우 그렇다.

   • 주변 정리가 잘 되어 있다. (   )
     ① 매우 그렇지 않다.   ② 그렇지 않다.   ③ 그렇다.   ④ 매우 그렇다.

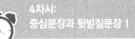
중심문장 찾아보기

📋 다음 글을 천천히 읽어 봅시다.

> 물을 아껴 쓰는 방법에는 여러 가지가 있습니다. 이를 닦을 때에는 물을 컵에 받아서 사용합니다. 변기 물통에 벽돌을 넣어 사용하면 물을 아낄 수 있습니다. 또, 전기 기구를 쓰지 않을 때에는 전원 플러그를 빼놓아야 합니다.

☺ 위의 글에서 이야기하는 것이 무엇인지 말해 봅시다.

물을 아껴 쓰는 방법

☺ 위의 글의 중심문장을 찾아 밑줄을 그어 봅시다.

📋 다음 글을 읽고 중심문장을 찾는 연습을 다시 해 봅시다.

> 우리는 이를 소중히 여겨야 합니다. 만약, 이갈이가 끝난 뒤에 이가 빠지면 더 이상 새로 날 이가 없기 때문입니다. 그리고 이가 아무리 단단하여도 충치가 생길 수 있다는 사실을 잊으면 안 됩니다. 평소에 이를 깨끗이 닦는 습관을 가져야 하겠습니다.
>
> (출처: 2학년 2학기 읽기, 79쪽)

☺ 위의 글에서 이야기하는 것이 무엇인지 말해 봅시다.

이의 소중함

☺ 위의 글의 중심문장을 찾아 밑줄을 그어 봅시다.

> **Tip** 학생이 자유롭게 글에 대해 이야기를 할 수 있도록 한다. 충분히 이야기가 되었다면, 위 글을 한 문장으로 요약해서 말해 볼 수 있도록 하며, 자연스러운 사고를 통해서 글의 중심문장이 무엇인지 스스로 정리해 보고, 파악할 수 있도록 돕는다.

뒷받침문장 써 보기

Tip 학생이 다양한 방법들을 사용하여 자신의 생각을 자유롭게 펼칠 수 있도록 돕는다. 우선, 중심문장과 연관된 그림을 그릴 수 있도록 하고, 그 그림을 글로 표현해 보도록 한다. 이때 중심문장에서 크게 벗어나지 않는 한, 학생들을 충분히 지지해 주고 격려해 준다. 또한 그림을 글로 표현할 때에 모든 그림의 세세한 부분을 표현하는 것보다는, "이 내용은 중심문장인 가족 소개와 어떤 관련이 있을까?" 등의 질문을 통하여 중심문장과의 관련성 여부를 판단할 수 있도록 돕는다.

다음의 내용을 완성하여 봅시다.

나의 가족을 소개합니다.

☺ 위 네모 안에 있는 중심문장을 잘 설명할 수 있는 그림을 그려 봅시다.

☻ 각자 그린 그림을 바탕으로 다음의 글을 완성하여 봅시다.

나의 가족을 소개합니다. 나의 가족은

아빠, 엄마, 나 그리고 동생이 있습니다. 아빠는 우리 집에서 힘이 가장

세고 밖에 나가서 일을 하고 돈을 벌어 오십니다. 엄마는 우리를 잘 챙겨

주시는 분이고, 엄마가 있어서 편안하고 행복합니다. 엄마가 공부하라

고 잔소리를 하면 싫기는 하지만 사실은 나를 위해서 그러는 것을 알고

있습니다.

뒷받침문장은 글을 읽는 사람들이 중심문장을 더 잘 이해할 수 있도록 도와주는 역할을 합니다. 중심문장과 관련된 자세한 내용을 뒷받침문장에 써서 문단을 완성하면 됩니다.

4차시:
중심문장과 뒷받침문장 1

함께 이야기해 보기

📋 오늘 공부는 어땠나요? 언제가 좋았고 언제가 힘들었나요?

글 안에서 중심문장을 찾고, 중심문장의 이해를 돕는 뒷받침문장을 잘 써 볼 수 있었

어요.

📋 내가 선생님이라고 생각하고 나에게 칭찬의 말을 해 줍시다. 말을 해 줄 때는 조
금 부끄럽더라도 상상력을 이용해서 칭찬합니다.

  ○○아! 이번 시간에는 중심문장을 찾아보고, 뒷받침문장으로 글을 완성도 해 보
았네. 열심히 노력하는 ○○을 보니 선생님이 기쁘구나! ^^

5차시: 문장 이어서 쓰기

학습목표	▪ 문단의 내용이 잘 드러나게 중심문장과 뒷받침문장을 자연스럽게 이어 볼 수 있다.
내용	나와 환경 바라보기 ⬇ 게임을 해 봅시다 ⬇ 문장 이어서 쓰기 ⬇ 함께 이야기해 보기

* 관련 단원: 3학년 2학기 쓰기 2단원 '이렇게 하면 돼요' / 140쪽

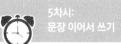

나와 환경 바라보기

📋 다음 물음에 답하면서 오늘의 공부를 시작해 봅시다(모든 질문에 답하지 않아도 됩니다. 답하고 싶은 질문을 골라 답해 보세요).

1. 오늘 나의 기분은 어떤가요? (   )

   ① 매우 안 좋다.   ② 안 좋다.   ③ 좋다.   ④ 매우 좋다.

2. 나의 기분을 한마디로 표현하면?

   _____

3. 나의 몸 상태는 어떤가요? (   )

   ① 매우 안 좋다.   ② 안 좋다.   ③ 좋다.   ④ 매우 좋다.

4. 지금 공부 분위기는 어떤가요?

   • 조용하다. (   )

     ① 매우 그렇지 않다.   ② 그렇지 않다.   ③ 그렇다.   ④ 매우 그렇다.

   • 조명이 적당하다. (   )

     ① 매우 그렇지 않다.   ② 그렇지 않다.   ③ 그렇다.   ④ 매우 그렇다.

   • 의자와 책상이 편하다. (   )

     ① 매우 그렇지 않다.   ② 그렇지 않다.   ③ 그렇다.   ④ 매우 그렇다.

   • 주변 정리가 잘 되어 있다. (   )

     ① 매우 그렇지 않다.   ② 그렇지 않다.   ③ 그렇다.   ④ 매우 그렇다.

게임을 해 봅시다

📋 다음 단어와 뜻을 소리 내어 읽어 보세요.

- 찻길(차도): 차가 다니는 길
- 인도: 사람이 다니는 길
- 횡단보도: 사람이 차도로 건널 수 있는 길
- 예방: 사고나 위험을 입지 않도록 조심하는 것
- 운전자: 차를 운전하는 사람

😊 뜻을 잘 모르는 내용이 있으면 선생님과 함께 이야기해 봅시다.

예방의 뜻을 알고 싶어요.

😊 이제 단어를 외워 봅시다. 1분 동안 외운 후에 아래 빈칸에 알맞은 단어를 넣어
봅시다(위에 나온 단어의 뜻을 가리고 합니다).

단 어	뜻
찻길	차가 다니는 길
인도	사람이 다니는 길
횡단보도	사람이 차도로 건널 수 있는 길
예방	사고나 위험을 입지 않도록 조심하는 것
운전자	차를 운전하는 사람

☻ 단어에 해당하는 그림을 이어 봅시다.

인도	
횡단보도	
예방	
운전자	
찻길	

문장 이어서 쓰기

📋 문장에 해당하는 그림을 이어 봅시다.

① 길을 건너기 전에는 찻길에서 물러나 안전하게 인도에 서 있어야 합니다.

② 횡단보도에서 일어나는 사고를 예방하기 위하여 횡단보도 규칙을 잘 지켜야 합니다.

③ 초록색 신호가 들어오면 급하게 뛰어나가지 말고 차가 멈춘 것을 확인하고 난 뒤에 길을 건너야 합니다.

④ 이러한 작은 실천이 횡단보도에서 일어나는 사고를 줄여 줄 것입니다.

⑤ 횡단보도를 건널 때에는 운전자를 보며 손을 들어 길을 건너고 있다는 신호를 합니다.

문단의 내용이 잘 드러나게 중심문장과 뒷받침문장을 자연스럽게 이어 봅시다.

☺ ①~⑤의 문장 중 중심문장은 몇 번일까요?

　②

☺ ①~⑤의 문장 중 뒷받침문장은 몇 번일까요?

　④

 다음 문장이 문단의 짜임에 맞게 이어지도록 순서대로 번호를 써 봅시다.

① 길을 건너기 전에는 찻길에서 물러나 안전하게 인도에 서 있어야 합니다.

② 횡단보도에서 일어나는 사고를 예방하기 위하여 횡단보도 규칙을 잘 지켜야 합니다.

③ 초록색 신호가 들어오면 급하게 뛰어나가지 말고 차가 멈춘 것을 확인하고 난 뒤에 길을 건너야 합니다.

④ 이러한 작은 실천이 횡단보도에서 일어나는 사고를 줄여 줄 것입니다.

⑤ 횡단보도를 건널 때에는 운전자를 보며 손을 들어 길을 건너고 있다는 신호를 합니다.

(2) → (1) → (3) → (5) → (4)

중심문장은 문단의 처음에 올 수 있고 문단의 끝에 올 수도 있어요.
문장을 이을 때에는 '그리고', '또', '그래서'와 같은 연결하는 말을 넣기도 해요.

 오늘 배운 내용에 대해서 함께 이야기해 봅시다.

중심문장과 뒷받침문장이 필요한 이유를 알았어요.

Tip 쓰기에서 문장의 쓰임새를 구분하는 것은 더 나은 이해를 위해서 그리고 자신의 주장을 상대방이 잘 이해하도록 돕는 기능을 하고 있다는 점에서 강조할 필요가 있습니다. 특히 쓰기를 공부하는 이유는 자신의 주장을 상대방에게 잘 전달하기 위한 것이고, 자기 생각을 명확하게 하기 위한 것이라는 점입니다. 그러한 목적을 잘 알고 사용하는 것이 중요합니다.

6차시: 중심문장과 뒷받침문장 2

학습목표	■ 문단의 짜임에 맞게 글을 쓸 수 있다. ■ 문단의 내용이 잘 드러나게 중심문장과 뒷받침문장을 쓸 수 있다.
내용	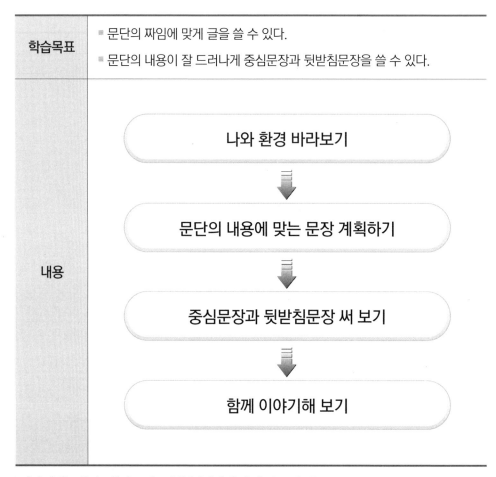

* 관련 단원: 3학년 2학기 쓰기 2단원 '이렇게 하면 돼요' / 141쪽

나와 환경 바라보기

다음 물음에 답하면서 오늘의 공부를 시작해 봅시다(모든 질문에 답하지 않아도 됩니다. 답하고 싶은 질문을 골라 답해 보세요).

1. 오늘 나의 기분은 어떤가요? (   )

　① 매우 안 좋다.　　② 안 좋다.　　③ 좋다.　　④ 매우 좋다.

2. 나의 기분을 한마디로 표현하면?

　_____

3. 나의 몸 상태는 어떤가요? (   )

　① 매우 안 좋다.　　② 안 좋다.　　③ 좋다.　　④ 매우 좋다.

4. 지금 공부 분위기는 어떤가요?

　• 조용하다. (   )

　　① 매우 그렇지 않다.　② 그렇지 않다.　③ 그렇다.　④ 매우 그렇다.

　• 조명이 적당하다. (   )

　　① 매우 그렇지 않다.　② 그렇지 않다.　③ 그렇다.　④ 매우 그렇다.

　• 의자와 책상이 편하다. (   )

　　① 매우 그렇지 않다.　② 그렇지 않다.　③ 그렇다.　④ 매우 그렇다.

　• 주변 정리가 잘 되어 있다. (   )

　　① 매우 그렇지 않다.　② 그렇지 않다.　③ 그렇다.　④ 매우 그렇다.

문단의 내용에 맞는 문장 계획하기

📋 유찬이의 이야기를 읽어 봅시다.

　유찬이는 책을 자주 읽지 않습니다. 가끔 독후감 숙제가 있을 때면, 어쩔 수 없이 숙제를 하기 위해 한 권씩 읽곤 합니다.

　오늘은 선생님께서 또다시 독후감 숙제를 내주셨습니다. 유찬이는 학교 도서실에서 책을 한 권 빌려 왔지만, 그다지 읽고 싶은 마음이 들지 않았습니다.

　숙제를 하기 위해 책을 읽어야 하는 유찬이는, 책을 읽으면 어떤 점이 좋은지 고민하기 시작하였습니다. 과연 책을 읽으면 어떤 점이 좋을까요?

😊 유찬이가 책을 읽으면 어떤 점이 좋을지 생각해 보고 자유롭게 이야기해 봅시다.

생각이 많아지고 상상력이 풍부해진다. 재미가 있다.

😊 이야기한 내용을 하나씩 적어 봅시다.

생각이 많아지고 상상력이 풍부해진다. 재미가 있다.

다른 사람들에게 말을 잘할 수 있게 된다.

내가 어떻게 말하고 행동하면 좋을지 알 수 있다.

Tip 학생이 생각을 표현하는 것을 두려워하지 않도록 허용적인 분위기를 조성한다. 최대한 많은 종류의 좋은 점을 생각해 낼 수 있도록 생각의 진전을 돕는 코멘트를 제공한다.

중심문장과 뒷받침문장 써 보기

📋 책을 읽으면 좋은 점을 글로 써서 유찬이에게 보여 줍시다.

😊 문단의 내용이 잘 드러나는 중심문장을 써 봅시다.

책을 읽으면 생각을 잘 전달할 수 있습니다.

중심문장은 문단의 내용을 가장 잘 표현할 수 있는 핵심 문장입니다.

😊 위에서 쓴 중심문장을 잘 뒷받침할 수 있는 문장을 써 봅시다.

책에는 많은 지식이 있습니다. 나의 생각을 말할 때 그런 지식을 사용하게 되면 다른 사람들이 내 말을 믿어 주기 때문에 내가 어떤 말을 할 때 책에서 읽은 지식을 사용하는 것이 더 좋습니다.

어떤 뒷받침문장이 문단의 내용을 잘 드러낼까요?
• 중심문장과 관련 있는 내용을 씁니다.
• 읽는 사람이 이해하기 쉽도록 충분히 자세히 씁니다.

오늘 배운 내용을 한두 문장으로 써 봅시다.

중심문장과 뒷받침문장을 잘 써 볼 수 있었어요.

📋 오늘 내가 잘했다고 생각하는 점을 써 봅시다.

　　유찬이의 고민을 덜어 주기 위해 책 읽기의 좋은 점을 생각해 보았다. 유찬이에게 도움이 되었으면 좋겠다.
　　그리고 이전 시간에 배웠던 중심문장과 뒷받침문장을 구분하여 써 보니 조금 더 익숙해진 느낌이 들었다.

MEMO

김동일(Kim, Dongil)

현재 서울대학교 사범대학 교육학과 교육상담전공 및 대학원 특수교육전공 주임교수로 재직하고 있다. 서울대학교 교육학과를 졸업하고 교육부 국비유학생으로 도미하여 미네소타대학교 교육심리학과(학습장애)에서 석사·박사학위를 취득하였다. Developmental Studies Center, Research Associate, 한국청소년상담원 상담교수, 경인교육대학교 교육학과 교수, 한국학습장애학회 회장, 한국교육심리학회 부회장, (사)한국상담학회 법인이사, 한국청소년상담(복지개발)원 법인이사를 역임하였다. 2002년부터 국가수준의 인터넷중독 척도와 개입연구를 진행해 왔으며, 정보화역기능예방사업에 대한 공로로 행정안전부 장관표창을 수상하였다. 현재, BK21PLUS 미래교육디자인연구사업단 단장, 서울대 다중지능창의성연구센터(SNU MIMC Center) 소장, 서울대 특수교육연구소(SNU SERI) 소장 및 한국아동청소년상담학회 회장, 한국인터넷중독학회 부회장, 여성가족부 청소년보호위원회 위원, (사)한국교육심리학회 법인이사 등으로 봉직하고 있다. 『학습장애아동의 이해와 교육』『학습상담』『학교상담과 생활지도』『학교기반 위기대응개입 매뉴얼』『특수아동상담』을 비롯하여 30여 권의 (공)저서와 200여 편의 학술논문이 있으며, 10개의 표준화 심리검사를 개발하고, 20편의 상담사례 논문을 발표하였다.

BASA-ALSA와 함께하는 학습전략 프로그램 워크북 6
교과 학습전략 기르기

2015년 8월 25일 1판 1쇄 인쇄
2015년 9월 1일 1판 1쇄 발행

지은이 • 김동일
펴낸이 • 김진환
펴낸곳 • (주) **학지사**

      121-838 서울특별시 마포구 양화로 15길 20 마인드월드빌딩
대표전화 • 02)330-5114 팩스 • 02)324-2345
등록번호 • 제313-2006-000265호

홈페이지 • http://www.hakjisa.co.kr
페이스북 • https://www.facebook.com/hakjisa

ISBN 978-89-997-0796-4 94370
     978-89-997-0790-2 (set)

정가 10,000원

이 도서의 국립중앙도서관 출판시도서목록(CIP)은 서지정보유통지원시스템 홈페이지(http://seoji.nl.go.kr)와 국가자료공동목록시스템(http://www.nl.go.kr/kolisnet)에서 이용하실 수 있습니다.
(CIP제어번호: CIP2015025974)

BASA | 기초학습기능 수행평가체제란?
Basic Academic Skills Assessment

학습부진 아동이나 특수교육 대상자의 학업수행수준을 진단·평가하는 국내 최초의 검사로 실시가 간편하고 비용부담이 적어 반복실시가 가능하며, 전체 집단 내에서 아동의 학습능력이 어느 정도인지 상대적인 수준 파악이 가능합니다.

아동의 기초학습기능 수행발달수준을 진단하고 학습발달정도를 반복적으로 평가하여 학습수준을 모니터링함으로써 학습부진 영역에 관한 구체적인 정보를 얻을 수 있습니다. 또한 이를 통해 추후 발생할 수 있는 학업문제들을 예방하고 대상자의 수준에 알맞은 교수계획 및 중재계획을 수립할 수 있습니다.

BASA 초기수학
수학학습장애 혹은 학습장애위험군 아동의 조기판별 및 초기수학 준비기술 평가

BASA 초기문해
아동의 초기문해 수행수준과 읽기장애를 조기에 판별하고 아동의 학업관련 성장과 진전도 측정에 유용

BASA 읽기
읽기 부진 아동의 선별, 읽기장애 진단을 위한 읽기유창성검사

BASA 쓰기
쓰기능력 발달과 성장을 측정하고 쓰기부진아동의 진단 및 평가

BASA 수학
수학 학습수준의 발달과 성장을 측정하고 학습부진, 특수교육 아동을 위한 진단 및 평가

KOPS Korea Psychological Services
학지사 심리검사연구소
www.kops.co.kr